W0072086

Anton Mosimann
Cuisine de la Mer

ANTON MOSIMANN

Cuisine de la Mer

FISCH UND MEERESFRÜCHTE
INTERNATIONAL

Übersetzt und bearbeitet
von Ursula Fabian

ECON Verlag

Düsseldorf · Wien · New York

Titel der englischen Originalausgabe:
Anton Mosimann's Fish Cuisine
Original-Verlag: Macmillan London Ltd.
Übersetzt von Ursula Fabian
Copyright © Text und Fotos: Anton Mosimann, 1988
Layout: Robert Updegraff
Fotos: Tom Belshaw
Illustrationen: Peter Bull

CIP-Titelaufnahme der Deutschen Bibliothek

Mosimann, Anton:
Cuisine de la Mer: Fisch u. Meeresfrüchte internat./
Anton Mosimann. Übers. u. bearb. von Ursula Fabian. —
Düsseldorf, Wien, New York, ECON Verl. 1988
Einheitssacht.: Fisch cuisine ›dt‹
ISBN 3-430-16816-3
NE: Fabian, Ursula [bearb.]

Copyright © 1988 der deutschen Ausgabe by
ECON Verlag GmbH, Düsseldorf, Wien, New York
Alle Rechte der Verbreitung, auch durch Film, Funk und Fernsehen,
fotomechanische Wiedergabe, Tonträger und Rückgewinnung
in Datenverarbeitungsanlagen aller Art, sind vorbehalten.
Gesetzt aus der Garamond ITC
Satz: ICS Communikations-Service GmbH, Bergisch Gladbach
Printed in Hongkong
ISBN 3-430-16816-3

Meiner Mutter

Inhalt

Einleitung

Wenn man mich fragt, was ich am liebsten esse und koche, gebe ich immer die gleiche Antwort: Fisch. Als Koch finde ich eine berufliche Befriedigung darin, Fisch zu kaufen, zuzubereiten, zu kochen und zu servieren, und als jemand, der gutes Essen liebt, bin ich der Meinung, daß es nichts Besseres als Fisch gibt. Fisch ist ein reiner Genuß, ein sinnliches Vergnügen und überdies gut für die Gesundheit.

Ich gerate immer in Begeisterung, wenn ich frischen Fisch in den Auslagen der Fischhändler sehe. Mich freut der schillernde Glanz eines Lachses, dessen Haut hundert Seen gewaschen haben, und die Griffigkeit des festen rosa Fleisches, das nach Seetang duftet. Wie kann ich wohl diesen Fisch kochen, frage ich mich, wenn ich morgens die frische Lieferung vor mir sehe. Wo immer ich in der Welt bin, zieht es mich zu den Ständen des Fischmarktes. Die Vielfalt von Art, Form und Größe der angebotenen Fische ist einfach faszinierend: der riesige Heilbutt und der große schwarze, rautenförmige Steinbutt; die stromlinienförmige Makrele mit der spitzen Schnauze und dem gegabelten Schwanz; Fische aus unseren Seen und Flüssen in gedämpften Farben mit zarten Tupfen, feuerrote und grellgelbe Fische aus tropischen Gewässern.

Viele Erinnerungen knüpfen sich für mich an diese Köstlichkeit, und viele Marksteine meines persönlichen und beruflichen Lebens verbinden sich mit meinem Interesse an Fisch. Schon als Junge war ich in unserem Dorf als leidenschaftlicher Angler bekannt. Von unserem Haus hatte man einen Blick über das blaue Wasser des Bieler Sees am Fuße des Jura. Bereits mit vierzehn hatte ich ein Ruderboot, und nicht selten war ich vor Tagesanbruch zum Angeln auf dem ruhigen, tiefen Wasser des Sees. Ich erinnere mich noch heute daran, wie ich in der stillen Morgendämmerung draußen auf dem See allein in meinem Boot saß. Wenn ich bei stürmischem Wetter manchmal Angst hatte, dann eigentlich nie um mich selber,

sondern nur um meinen Morgenfang. Als ich später während meiner Lehre Fischern das Frühstück vorsetzte, wußte ich sehr wohl, welches Stück harter Arbeit hinter ihnen lag. Und durch die Erfahrungen, die ich als Junge gemacht hatte, wußte ich auch eine Menge über Fische — wie sie gefangen wurden und was sie hinter sich hatten, ehe sie in die Küche gelangten.

Es ist auch nicht weiter erstaunlich, daß sich meine Erinnerungen an Reisen im Fernen Osten mit Erinnerungen an die Fische dort verbinden. Während des Jahres, das ich in Japan verbrachte, hat die Küche dieses wunderschönen Landes einen starken Eindruck auf mich gemacht. Ich bin begeistert von der raffinierten Einfachheit und dem perfekten Stil der japanischen Küche. Die Wahl und die Kombinationen von verschiedenen Aromen in den Saucen und Marinaden zeugen von einem hochentwickelten Geschmack, und obwohl nur wenig auf den Teller kommt, ist jedes Gericht ein Bekenntnis zur Schönheit. Die Zubereitung von Sashimi — rohem Fisch — in Japan ist sagenhaft. Der Fisch ist immer außergewöhnlich frisch und ganz einfach zubereitet: hauchdünn geschnitten, sorgfältig angerichtet und mit einem Minimum an pikanter Sauce serviert. Durch Sashimi angeregt, bereite ich mit großem Vergnügen ähnliche Gerichte aus hiesigen Zutaten wie Tatar aus Heilbutt und Rosetten von rohem Lachs mit Koriander-Vinaigrette.

Meine Vorliebe für das Einfache und Schöne, das Zurückhaltende und Subtile im Geschmack mag mit meiner Schweizer Herkunft zusammenhängen. Aber es hat wohl auch seinen Ursprung in Kindheitserinnerungen, als es nach dem Krieg nicht viel zu essen gab. Wir mußten mit wenigem auskommen, aber was wir hatten, wurde mit Liebe und Sorgfalt zubereitet. Noch heute ist es mein Bestreben, aus Kochen und Essen — in diesem Fall Fisch — ein beglückendes Erlebnis zu machen.

Ich erinnere mich an eine Begebenheit bei der

Rückkehr von einer erfolgreichen Präsentation des Dorchester Hotels in Singapore. Meine Leidenschaft für Fisch siegte über meine Vernunft. Ich konnte der Versuchung nicht widerstehen, einen besonders interessanten fernöstlichen Fisch in einem wassergefüllten Plastikbeutel mit nach London zu nehmen. Meine beiden Kollegen, die Komplikationen bei der Zollabfertigung befürchteten, hielten sich in gebührendem Abstand. Ich kam glatt durch, aber sie wurden durchsucht.

Ich lerne immer gern Neues über die fernöstliche Küche hinzu. Mit Interesse habe ich kürzlich Celia Sun Yan Chiangs Schilderung der »Bootsessen« während ihrer Kindheit in China gelesen. Dies waren Essen für Ausflugsgesellschaften, die nachts auf den See hinausfuhren, um den Mond zu betrachten. Diese Essen wurden auf den Segelbooten aus während der Fahrt gefangenem Fisch zubereitet. Mich erinnerte dies an ein Erlebnis in Nordnorwegen, wo ich als Gastredner zu einem internationalen Kongreß zur Verhütung von Herz- und Kreislaufkrankheiten eingeladen war. Nach einem anstrengenden Tag machten wir eine Bootsfahrt durch den Fjord. Einige Teilnehmer griffen zur Angel. Ich band mir eine Küchenschürze um und ging in die Kombüse, um mit dem wenigen, was da war — Meerwasser, Salz und Essig —, einen herrlichen silbrigen Dorsch zuzubereiten, den ein Professor der Psychiatrie gerade gefangen hatte. Die simpelste Zubereitung eines absolut frischen Fisches machte daraus das köstlichste Fischgericht, das die Teilnehmer dieser Bootsfahrt je gegessen hatten.

Jeder Fisch hat seinen besonderen Geschmack. Und diese Besonderheiten sind es gerade, die mich beim Kochen reizen und mich zu den unterschiedlichsten Zubereitungsarten inspirieren. Was man mit wenigen, aber ausgewählten Zutaten erreichen kann, ist erstaunlich. Aus einem wirklich frischen Fisch läßt sich mit nur wenig Butter, einigen Kräutern und etwas Sahne ein kulinarisches Meisterwerk kreieren. Solch ein Fisch ist nicht nur ein delikates, sondern auch ein sehr leichtes Essen. Es gibt kaum ein anderes Nahrungsmittel, das in dieser Hinsicht so unprätentiös ist.

In den letzten Jahren hat sich ein Bewußtsein dafür herausgebildet, daß wir gesund essen müssen. Nicht zuletzt deswegen schätzt man immer mehr die Qualität des Fisches als Nahrungsmittel, das wichtige Proteine, Vitamine und Mineralstoffe enthält. Man nimmt neuerdings sogar an, daß Extrakte bestimmter Öle, die aus Heringen und Makrelen gewonnen werden, der Vorbeugung von Herz- und Kreislauferkrankungen dienen. Außerdem ist Fisch leicht verdaulich, hat relativ wenig Kalorien und befriedigt somit in jeder Hinsicht das heutige Bedürfnis nach gesunder Ernährung. Fisch ist zu einem sehr verbreiteten Nahrungsmittel geworden und bereichert unseren täglichen Speisezettel — nicht nur an Freitagen.

Sooft ich nach einem passenden Thema für ein Kochseminar gefragt werde, denke ich zuerst an Fisch. Viele wissen nicht, wie sie mit Fisch umgehen müssen, wie sie ihn schuppen, ausnehmen, abziehen und filetieren sollen. Aber immer mehr wollen das lernen. Aus diesem Grund enthält das vorliegende Buch am Anfang Hinweise und Abbildungen, wie man Fisch und Meeresfrüchte vorbereitet. In einem weiteren Abschnitt finden sich allgemeine Bemerkungen zu den verschiedenen Zubereitungsarten. Das Verzeichnis der Fachausdrücke gibt zusätzlich Aufschluß über Kochmethoden. Am Ende des Buches steht ein alphabetisch angeordnetes Kapitel über die Fische, die ich in meiner Küche verwende. Alles zusammen wird, so hoffe ich, dem Leser eine Hilfe beim Einkauf und bei der Zubereitung von Fisch sein.

Ich habe dieses Buch geschrieben, weil ich eine Vorliebe für Fisch habe. Es ist aber auch eine Antwort auf viele Anfragen nach neuen Zubereitungsarten für Fisch und nach den wenig bekannten und den exotischen Fischen, die immer häufiger auf unseren Märkten auftauchen. Ich habe so manchen konservativen Fischesser zu einer Ceviche oder einer feinen Fischsuppe bekehrt, und nicht wenige sind dann zu enthusiastischen Fischliebhabern geworden. Genau dies möchte ich auch mit diesem Buch erreichen. Ich hoffe, daß der Leser nach der Lektüre mehr über Fisch und seine Zubereitungsarten weiß. Ich wünsche allen Fischliebhabern und allen, die es werden möchten, viel Vergnügen beim Ausprobieren, beim Kochen und beim Essen.

Anton Mosimann

Fisch und Meeresfrüchte

»Unter den Händen eines geschickten Kochs kann der Fisch zu einer unerschöpflichen Quelle geschmacklicher Genüsse werden,« schrieb Brillat-Savarin, der Verfasser der *Physiologie des Geschmacks*. Dieses Motto sollte über jedem Herd hängen, besonders dort, wo man sich auf einfache Fischgerichte mit Saucen beschränkt. Als nahrhaftes und preiswertes Nahrungsmittel läßt Fisch so viele Abwandlungen zu, daß es durchaus möglich wäre, ihn ein ganzes Jahr lang auf den Tisch zu bringen, ohne ein einziges Rezept zu wiederholen. Nicht nur das: Fisch und Meeresfrüchte erfordern nur einen minimalen Zeitaufwand beim Kochen. »Wenn es Fisch nicht schon seit Jahrtausenden gäbe,« schrieb ein Küchenexperte, »müßte man ihn für das hektische Leben unserer Tage erfinden.«

Fisch

Wenn man Fisch kocht, sollte man sich weniger um die verschiedenen Fischarten als um ihre Qualität und ihre Eignung für bestimmte Gerichte kümmern. Aber man muß sich einige Grundtatsachen vor Augen führen, und dabei sollen die folgenden Hinweise helfen.

Fische lassen sich ganz elementar in zwei Hauptgruppen einteilen: Süßwasserfische und Meeresfische. Es gibt jedoch einige Fischarten, die teilweise im Salzwasser und teilweise im Süßwasser leben — etwa der Lachs oder die Lachsforelle. Fische werden überdies nach ihrer äußeren Form eingeteilt, in runde und platte. Die meisten Süßwasserfische sind rund (so die Forelle), obwohl der schlangenförmige Aal eine Kategorie für sich bildet. Die Plattfische — die Seezunge, der Glattbutt, die Scholle, der Heilbutt, der Steinbutt — sind alle Meeresfische. Die Unterscheidung zwischen Rundfischen und Plattfischen ist für die Küche wichtig: Runde ergeben zwei Filets und platte vier.

Weiterhin ist die Art des Fischfleisches von Bedeutung: ob es fett ist (wie bei der Makrele oder beim Hering) oder weiß und mager (wie beim Kabeljau, bei der Seezunge oder beim Wolfsbarsch). Weiße Fischarten werden auch häufig als festfleischig beschrieben wie der Steinbutt oder der Heilbutt oder weichfleischig wie der Hering und die Sardine. Fisch kann auch als grätig bezeichnet werden wie der Hecht oder der Karpfen. Zu dieser Kategorie gehören die meisten Süßwasser- und Meeresfische. Doch sind auch einige Fischarten knorpelig, denn ihr Skelett besteht mehr aus weißem Knorpel als aus Gräten wie beim Haifisch, beim Rochen und Seeteufel. Auf alle diese Unterschiede wird im Verzeichnis der Fische ausführlich hingewiesen.

Plattfische verdienen wegen ihrer interessanten »Evolution« besondere Erwähnung. Alle Plattfische gehören zoologisch zu einer einzigen Familie. Irgendwann gefiel es den Mitgliedern dieser Familie, faul und zugleich listig zu sein: Sie legten sich auf die Seite und warteten darauf, daß die Beute zu ihnen kam. Ihre flache Form bildete sich heraus, damit sie sich besser auf dem sandigen Boden tarnen konnten. Doch die Jungfische kommen noch immer als Rundfische zur Welt, und ihre Augen befinden sich auf beiden Seiten des Kopfes. Während sie wachsen, wandert ein Auge auf die andere Seite, und ihr Skelett wird platt. Beide Augen bleiben auf der gefleckten, dunkleren Seite, während die Bauchseite weiß ist. Fische, die auf der rechten Seite liegen und deren Augen linksgerichtet sind wie Glatt- und Steinbutt, heißen linksäugige, die meisten anderen sind rechtsäugige Plattfische.

Krustentiere und Weichtiere

Dies sind oft verwirrende Sammelbezeichnungen für eine große Vielfalt von Salzwassertieren, die keine Fische sind. Krustentiere haben einen harten Außenpanzer. Dazu gehören die verschiedenen Hummerarten und hummerähnlichen Tiere wie die Kaisergranate, die Garnelen und die Taschenkrebse. Das einzige Krustentier, das nicht im Salzwasser lebt, ist der kleine Flußkrebs. Die Weichtiere oder Mollusken werden dreifach unterteilt: in Bauchfüßer oder Gastropoden mit nur einer Schale (Strand- und Wellhornschnecken), in Muscheln oder Bivalvia mit einem zweischaligen Gehäuse, das durch einen starken Schließmuskel geöffnet und geschlossen werden kann (Austern, Miesmuscheln, Jakobsmuscheln, Venusmuscheln und Herzmuscheln), und in Kopffüßer oder Cephalopoden, die höchstentwickelten Weichtiere, die durch einen Kopf mit Greifarmen, gut ausgebildete Augen und Tintensäcke gekennzeichnet sind (Tintenfische und Kraken).

Konservierter Fisch

Fische oder Krustentiere werden meist frisch gegessen, doch einige Fischsorten werden auf verschiedene Weise zeitweilig konserviert: durch Einsalzen, Trocknen, Räuchern, Marinieren. Als es noch keine Kühlhäuser und -schränke gab, war dies einfach eine Notwendigkeit. Im Mittelalter war stark gesalzener oder gewürzter Fisch eine der wenigen Eiweißquellen, die den Menschen zur Verfügung standen. Heute ist erlesener Räucherfisch eine Zierde jeder Gourmet-Tafel.

Einer der höchsten Tafelgenüsse ist geräucherter Lachs. Ich bevorzuge schottischen Räucherlachs, wie er auf traditionelle Weise noch in wenigen Betrieben im Ostteil Londons zubereitet wird. Das zarte orangefarbene Fleisch ist fast durchsichtig und das Aroma unnachahmlich. Andere Räucherfische wie Forelle, Aal, Stör und Heilbutt haben alle ihren besonderen Eigengeschmack und einen unbestrittenen Platz in der feinen Küche.

Es gibt zwei Arten zu räuchern: kalt in Räucherkammern über schwelendem Holz bei einer Temperatur von 25° C bis 30° C und heiß in besonderen Öfen bei einer Temperatur von 120° C, wobei der Fisch gegart wird. Mein erstes Chalet war ein umgebautes Bauernhaus, bei dem der Boden dreihundert Jahre lang als Räucherkammer benutzt worden war. Die Wände waren von einer ebenholzschwarzen Kruste überzogen, die von dem würzigen Rauch von Eichenholz, Birkenholz und Alpenkräutern herrührte. — Zu Hause heiß zu räuchern — mit einer Räucherbox — wird zunehmend beliebter. Man erzielt besonders gute Ergebnisse, wenn man fetthaltige

Fische wie Forellen oder Makrelen und Delikatessen wie Jakobsmuscheln verwendet.

Der wohl berühmteste gesalzene und getrocknete Fisch ist der Stockfisch oder *bacalao*, der sich nach einem Tag Wässern in so berühmte Gerichte verwandeln läßt wie *brandade de morue*. Es heißt, daß die Portugiesen mehr als 365 Arten der Zubereitung von Stockfisch kennen.

Hering ist der Fisch, der herkömmlicherweise am häufigsten eingelegt wird, aber wir finden neuerdings auch Gefallen an mariniertem Lachs aus Skandinavien, dem *Gravedlachs*.

Rogen

Unter Rogen versteht man die Masse der Eier, die sich beim weiblichen Fisch in einer feinen Membrane befindet, oder den Laich des männlichen Fisches (weicher Rogen oder Milch). Rogen hat einen hohen Nährwert. Und aus Rogen läßt sich eine Reihe von Fischdelikatessen herstellen, vor allem natürlich Kaviar.

Der eigentliche Kaviar ist der gesäuberte und leicht gesalzene Rogen des weiblichen Störs (bei dem er bis zu 20 Prozent des Körpergewichtes ausmachen kann). Es gibt über ein Dutzend Arten Störe, und alle kommen auf der nördlichen Halbkugel vor. Gelegentlich kann man frischen oder auch geräucherten Stör auf Fischmärkten bekommen. Am meisten wird jedoch sein Rogen geschätzt. Lange Zeit kam er nur aus Rußland, bis 1953 die Regierung der UdSSR Iran Fangrechte im Kaspischen Meer zugestand. Dieses und das Schwarze Meer sind die Zentren der Kaviarproduktion, obwohl auch an der Donaumündung in Rumänien gefischt wird. In Frankreich wurden geringe Mengen Kaviar vom Stör in der Gironde gewonnen. Jedoch fand Kaviar erst in den zwanziger Jahren wirklich Eingang in die französische Küche, als nämlich die russischen Emigranten nach Paris kamen und Charles Ritz ihn in seinem berühmten Hotel auf die Speisekarte setzte. In geringem Maße wird der Stör auch in Amerika zur Kaviargewinnung gefangen.

Heute kommt der Kaviar vornehmlich aus der Sowjetunion, und zwar in unterschiedlicher Qualität. Der beste Kaviar ist nur leicht gesalzen, und die russischen Dosen tragen die Aufschrift »*malassol*«, was wenig gesalzen bedeutet. Frischer leicht gesalzener Kaviar hält sich im Kühlschrank bei 2° C oder besser bei 4° C ungefähr eine Woche. Kaviar in Dosen ist eine Halbkonserve und kann daher bei normaler Temperatur einige Zeit im Kühlschrank aufbewahrt werden. Kaviar sollte nie schmierig und breiig aussehen; er sollte sich nicht klebrig anfühlen, Flüssigkeit absondern oder sauer schmecken. Nach dem Öffnen der Dose oder des Glases muß Kaviar sofort verbraucht werden.

Die Eier sind je nach Größe des Fisches unterschiedlich groß und werden auch unterschiedlich bezeichnet. *Beluga* ist besonders großkörniger Kaviar vom größten Stör, der bis zu 3,6 Meter lang und bis zu einhundert Jahre alt werden und 20 oder mehr Kilo Kaviar enthalten kann. Dies ist der am meisten geschätzte und auch der teuerste Kaviar. Seine Körner sind dunkelgrau, prall und sehr zartschalig. *Ossetra* oder *Osetr* steht bei Kennern besonders hoch im Kurs. Seine Körner sind etwas kleiner als die des *Beluga* und variieren in der Farbe von Gelblich bis Dunkelgrau. Er kommt von einem kleineren Stör, der zwischen 4 und 7,5 Kilo Rogen enthalten kann. *Sevruga*-Kaviar ist besonders kleinkörnig, von dunkelgrauer Farbe und ausgezeichnetem Geschmack. Er kommt am häufigsten vor. Diese Stör-Art liefert zwischen 1,25 und 2,25 Kilo. *Schlipp*-Kaviar ist weniger bekannt und eine Kreuzung zwischen *Sevruga* und *Ossetra;* er schmeckt wie *Sevruga* und ähnelt im Aussehen dem *Ossetra*. Weißer Kaviar ist etwas Elitäres, schwer zu bekommen und daher eine Besonderheit. Er kommt von einem Albino-Stör und hat einen besonders feinen Geschmack. Ich ziehe ihn allen anderen vor.

Überdies gibt es auch Preßkaviar. Er wird aus nicht ausgereiften oder zerquetschten Eiern hergestellt, die gesalzen und dann gepreßt werden. 5 Kilo frischer Kaviar ergeben ein Kilo gepreßten. Er wird aus verschiedenen Arten von Eiern gewonnen. Da er hochkonzentriert ist, hat er einen kräftigen Geschmack. Er eignet sich für Gerichte, bei denen es nicht so sehr auf das Aussehen des Kaviars ankommt — wie für *jacket potatoes*, für Blinis oder als Füllung von feinen Fischgerichten.

Neben echtem Kaviar gibt es zahlreiche andere Kaviarsorten, die jedem Menü oder jedem kalten Buffet zur Zierde gereichen. Roter oder Keta-Kaviar ist der Rogen vom Salm, der sich in kanadischen und sibirischen Flüssen findet, die in den Pazifik münden. Er hat sehr große, durchscheinende orangefarbene Körner, die gesalzen und dann in Gläsern konserviert werden. Der Rogen einer Süßwasserforelle wird ebenfalls zu Kaviar verarbeitet, der eine festere Konsistenz hat. Er ist mehr bernsteinfarben und feiner im Geschmack als Keta-Kaviar. Er ist schwerer erhältlich als Keta-Kaviar, obwohl er in Deutschland oder Dänemark gelegentlich gefroren zu haben ist.

Andere »Kaviar«-Sorten, die als deutscher oder dänischer Kaviar bekannt sind, werden aus dem gefärbten Rogen des Seehasen hergestellt, der in der Nordsee oder im Atlantik gefangen wird. Die kleinen schwarzen Körner sehen wie Sevruga aus, schmecken aber ganz anders. Sie werden meist zur Garnierung von kalten Vorspeisen verwendet, aber ihre Farbe verläuft häufig.

Überdies ißt man viele andere Rogenarten, etwa von Dorsch, Karpfen, Hering, Seezunge und Barbe (von der der gelegentlich als »weißer Kaviar« bezeichnete *Boutargue* stammt — eine Delikatesse der Provence). An der amerikanischen Ostküste habe ich gern frischen Alsenrogen gegessen.

Fischleber muß als eine weitere wenig bekannte Fischdelikatesse genannt werden. Die Leber vom Weißfisch, besonders von Äsche und Rotbarbe, vom Dorsch und vom Lachs sowie von anderen Fischen ist sehr gesucht. Da sich die Leber nur schwer aus dem Fisch herauslösen läßt, gibt es sie nur selten. Man kann ausgezeichnete Dorschleber in Dosen bekommen, aber man muß schon einen Fischer zum Freund haben, wenn man frische Leber von Süßwasserfischen bekommen möchte. Leber von Seefischen kann man gelegentlich in Fischfachgeschäften kaufen. Frische Fischleber ist am besten, wenn man sie — mit oder ohne Schalotten und Kräutern — ganz kurz in heißer Butter sautiert.

Der Nährwert von Fisch

Es kann als sicher gelten, daß Fisch schon in der Frühzeit dem Menschen als Nahrungsmittel gedient hat. Seither hat sich die Einstellung zum Fisch nicht geändert: Fisch ist heute so begehrt wie eh und je. Sein hoher Eiweiß- und sein geringer Fettgehalt (besonders bei Süßwasserfischen) macht ihn zu einem idealen Nahrungsmittel für den gesundheitsbewußten Esser von heute.

Fisch versorgt uns mit biologisch hochwertigem Eiweiß, mit den Vitaminen A, B_6, B_{12}, Nikotinsäureamid (Niacin) und Pantothensäure, die ebenfalls zur Gruppe der B-Vitamine gehört. Fisch enthält auch Mineralstoffe: Kalzium, Kalium, Phosphor und Salzwasserfisch zudem Jod und Fluor. 100 Gramm Kabeljaufilet decken zum Beispiel unseren täglichen Bedarf an Jod.

Die meisten Fische haben einen geringen Fettgehalt, was nützlich ist, wenn man abnehmen will. Selbst die fetthaltigen Fische sind wertvoll. Das für den Körper unentbehrliche Vitamin D kommt nur in wenigen Lebensmitteln vor, in hohem Maße jedoch im Fisch. Lebertran ist die Hauptquelle für Vitamin D, aber auch für Vitamin A. Es kommt auch in anderen Fettfischen vor, so im Hering, in Sardinen, in der Makrele, im Aal, im Lachs und im Thunfisch. Diese Fettfische liefern überdies ungesättigte Fettsäuren, die den Cholesteringehalt unseres Blutes günstig beeinflussen und Herzerkrankungen vorbeugen. (In einem mageren weißen Fisch wie dem Dorsch bilden sich diese Fettsäuren in der Leber.)

Fisch ist leicht verdaulich und ist deswegen ein bedeutender Bestandteil in der Diät für Kranke und Kinder.

Nährwert pro 100 Gramm Frischfisch

	kcal/kJ	Eiweiß	Fett	Kohlehydrate
Kabeljau	79/331	13 g	0,3 g	0
Steinbutt	87/363	8 g	0,8 g	0
Lachs	208/869	13 g	8,8 g	0
Aal	285/1193	10 g	17,0 g	0

Einkauf von Fisch und Meeresfrüchten

Frisch gefangene Fische schmecken bekanntlich am besten. Nichts kann sich mit einer Forelle messen, die in einem kristallklaren Bergbach gefangen und wenige Stunden später gebraten wird. Frischer Wildlachs ist sehr geschätzt. Die Saison in Schottland beginnt im Februar — von vielen ungeduldig erwartet. Da die Lachse oft Tausende von Kilometern wandern und sich stromaufwärts bewegen, ist ihr Fleisch fest und der Geschmack unvergleichlich. Für Farmlachs spricht indessen, daß er billiger und das ganze Jahr hindurch zu haben ist. Süßwasserfisch, der nicht aus Farmen kommt, liegt jedoch selten auf den Tresen der Fischgeschäfte; und deshalb hat man idealerweise einen Berufsfischer oder Sportfischer zum Freund — oder angelt selbst.

Fisch kauft man am besten beim Fachhändler, der einen beraten kann. Dabei sollte man sich an ein gutbesuchtes Geschäft mit einem schnellen Warenumschlag halten oder an die Fischabteilung eines Kaufhauses, das wegen seines großen Kundenkreises in der Regel über ein Netz von zuverlässigen Lieferanten verfügt.

Die modernen Kühlmethoden — besonders die der großen Fangschiffe, die den Fisch bereits auf See filetieren und einfrieren — garantieren ein vielfältiges Angebot das ganze Jahr über, selbst von exotischem Fisch, der nicht vor unseren Küsten gefangen wird. Doch die Anlandung von Fisch, vor allem von besonderen Arten, hängt von vielen Faktoren ab: von den Wetterbedingungen auf See, dem Wechsel warmer und kalter Meeresströmungen und von den Beschränkungen durch Fangquoten. Man sollte deswegen Verständnis dafür haben, daß die Auswahl manchmal begrenzt ist.

Es ist nützlich, wenn man weiß, woran wirklich frischer Fisch zu erkennen ist, denn oft genug kommt Fisch aus entfernten Fanggebieten erst auf den Markt, nachdem er tagelang auf Eis gelegen hat.

	Frisch	Nicht mehr frisch
GERUCH	angenehm und leicht nach Seetang	unangenehm und stark nach Fisch, säuerlich oder modrig
AUSSEHEN	feucht und glatt, metallisch glänzend	trocken und eingefallen, farblos, ohne Schimmer
SCHUPPEN	festhaftend und glänzend	lose und leicht abzustreifen oder schon abgefallen
HAUT	straff, festsitzend farbintensiv, glänzend	faltig, leicht verletzlich

	Frisch	*Nicht mehr frisch*
AUGEN	klar, prall hervortretend, durchsichtig schimmernd	trübe, flach und eingefallen
KIEMEN	feucht, tiefrot oder rotbraun	trocken, ins Graue gehend
FLEISCH	fest, durchscheinend, mit einem weißen oder rosa Schimmer	schlaff, flockig zerfallend; Fingereindrücke bleiben; rot- oder braunfleckig; Filets haben trockene Ränder

Im Frischzustand sind einige Fische wie etwa Forellen oder Schollen von einer gesunden Schleimschicht überzogen, die nicht entfernt werden sollte.

Unmittelbar nach dem Kauf sollte Fisch zu Hause ausgepackt, geschuppt, ausgenommen und filetiert werden. Er ist im Kühlschrank aufzubewahren und so bald wie möglich zu verbrauchen. Wenn man ihn für einige Stunden aufbewahren möchte, legt man ihn am besten zwischen zwei mit Eis gefüllte Plastikbeutel. Flügelrochen sollte jedoch nicht am Fangtag zubereitet werden, sondern erst ein bis zwei Tage später, wenn sich sein natürlicher Ammoniakgeruch verflüchtigt hat. Auch Seezunge gewinnt an Geschmack, wenn man sie ein bis zwei Tage im Kühlschrank läßt. Fangfrisch zubereitet läßt sie sich nur schwer abziehen, und ihr Fleisch ist gummiartig.

Man sollte möglichst keinen gefrorenen Fisch kaufen. Beim Einfrieren werden die Zellwände zerstört, und damit wird der Fisch für bestimmte Zubereitungen unbrauchbar. Das Eiweiß von aufgetautem Fisch hat keine Bindefähigkeit mehr, so daß z. B. eine Mousseline selten gelingt.

Falls man einmal auf Gefrierfisch zurückgreifen muß, sollte man sicher sein, daß er absolut frisch eingefroren wurde. (Bei Gefrierfisch kann man nicht wachsam genug sein.) Selber sollte man nur fangfrischen Fisch einfrieren und bei − 28° C schockfrosten. Das Auftauen soll langsam und im Kühlschrank erfolgen − niemals im Wasser oder unter laufendem Wasser.

Vor dem Kochen ist der Fisch schnell unter fließendem kaltem Wasser abzuspülen. Besonders gründlich muß die Bauchhöhle ausgewaschen und alles Blut daraus entfernt werden. Fisch darf nie länger im Wasser liegenbleiben. Er nimmt sofort Wasser auf, und dies beeinträchtigt den Garprozeß sowie den Geschmack.

Die Auswahl von Meeresfrüchten

Krustentiere und Muscheln sollen lebend gekauft werden. Abgekocht sollte man Krustentiere nur kaufen, wenn es unumgänglich ist. Taschenkrebse und Hummer sollen sich lebhaft bewegen und sich im Verhältnis zu ihrer Größe schwer anfühlen. Der Hummerschwanz muß, wenn man ihn aufrichtet, sofort zurückspringen und sich unter den Körper klappen. Wenn Krustentiere und Muscheln wirklich frisch gekauft werden, lassen sie sich in nassem Zeitungspapier einige Tage lebend im Kühlschrank aufbewahren.

Bei Muscheln dürfen die Schalen nicht beschädigt sein und müssen sich sofort schließen, wenn man ihnen einen leichten Schlag gibt. Bleiben sie geöffnet, sind die Muscheln tot und dürfen auf keinen Fall verwendet werden. Frische Tintenfische sollen schimmern

Im allgemeinen sollten lebende Krustentiere unmittelbar nach dem Kauf zubereitet und gegessen werden, doch einige Muschelarten lassen sich einige Tage lagern. So können Austern etwa eine Woche lang lebend aufbewahrt werden, da ihre Schale Meerwasser enthält. Sie müssen mit der gewölbten Schale nach unten bei einer konstanten Temperatur von 2° C bis 7° C gelagert werden. Sie sind jedoch desto besser, je frischer sie sind, und der besorgte Austernliebhaber kann sich vergewissern: Das Austernfleisch muß sich leicht zusammenziehen, wenn etwas Zitronensaft in die geöffnete Auster geträufelt wird.

Wieviel Fisch man kaufen sollte

Aus den beiden folgenden Tabellen geht hervor, wie groß der Abfall bei den verschiedenen Fischen ist und welches Bruttogewicht man pro Person benötigt. Danach läßt sich die Zahl der Personen errechnen, für die ein fertig filetierter Fisch reicht. Ganze Fische werden gewöhnlich ausgenommen verkauft. Fisch aus der Nordsee kommt immer ausgenommen und ohne Kopf (den man jedoch auf Wunsch erhält) in den Verkauf. Bei Fischen mit großen Köpfen benötigt man etwas mehr pro Person.

Ganze Fische mit großen Köpfen
und schweren Karkassen:
Hecht, Meerbrassen, Petersfisch,
Roter Drachenkopf   350−400 g

Ganze Fische mit kleinen Köpfen:
Schellfisch, Wittling, Makrele
ebenso wie Schwanzstücke vom
Kabeljau und Lachs   300−350 g

Ganze Fische mit kleinen Köpfen
und leichten Karkassen: Forelle,
Sardine, Flußbarsch, Hering   250−300 g

Fischfilets   150−200 g

	Kopf, Karkasse, Haut	Filet oder Fischfleisch
Kabeljau	55	45
Petersfisch	70	30
Wittling	45	55
Seezunge	50	50
Lachs	55	45
Hecht	55	45
Steinbutt	50	50
Forelle	40	60
Hummer (lebend)	75	25
Taschenkrebs (lebend)	80	20
Garnelen (ungeschält)	60	40

Säubern und Vorbereiten

Vor allem bei Fisch verbringt man mehr Zeit mit dem Vorbereiten als mit dem eigentlichen Kochen. Und nur gründliche Kenntnis und korrekte Anwendung der Vorbereitungstechniken führen zu einem perfekten Kochergebnis.

Das Vorbereiten des Fisches kann man natürlich dem Fischhändler überlassen. Aber es ist empfehlenswert − und bei bestimmten Gerichten nötig −, daß man es zu Hause selber macht. Das wichtigste Werkzeug ist dabei ein scharfes Filetiermesser mit einer biegsamen Klinge von mindestens 15 Zentimeter Länge.

Das Schuppen der Fische

Viele Fischarten haben große Schuppen, die vor dem Filetieren und Kochen entfernt werden müssen. Auch ein scharfes Messer würde abgleiten, und beim Kochen würden die Schuppen abfallen und das Gericht verderben.

Man hält den Fisch am Schwanzende mit einem Küchentuch, damit er nicht entgleitet, und streift die Schuppen zum Kopfende hin mit dem Messerrücken ab. Dazu kann man übrigens ausgezeichnet die Schalen von Jakobsmuscheln verwenden, da sie die wegfliegenden Schuppen auffangen. Anschließend spült man den Fisch unter fließendem Wasser ab − besser noch, man schuppt den Fisch von vornherein unter fließendem Wasser ab, um das Wegspritzen der Schuppen zu vermeiden. Beim Schuppen kann man auch gleich die Flossen abschneiden, insbesondere die stachligen, an denen man sich verletzen kann.

Das Ausnehmen von Fisch

Bei Plattfischen wird der Kopf mit zwei Schrägschnitten zu den Brustflossen hin abgetrennt. Dabei entfernt man die Eingeweide mit dem Kopf. Anschließend wird der Fisch abgespült und trockengetupft.

Rundfische können entweder durch die Kiemen oder vom Bauch her ausgenommen werden. Man zieht die Kiemenklappen hoch und löst die Kiemen und die Eingeweide vorsichtig mit dem Finger aus. Anschließend spült man den Fisch so lange, bis das Wasser klar aus der Afteröffnung läuft. Danach wird der Fisch trockengetupft. Zum Ausnehmen vom Bauch aus wird ein Schnitt von den Kiemen bis zur Afteröffnung gemacht. Die Eingeweide werden ausgelöst − bei großen Fischen wie etwa beim Lachs mit einem Löffel, bei kleinen wie etwa Sardinen mit einer Pinzette. Anschließend wird die schlauchartige Niere entlang der Mittelgräte ausgekratzt. Alle Blutreste werden sorgfältig abgespült, und der Fisch wird trockengetupft. Man kann außerdem noch den Kopf entfernen.

Das Vorbereiten von Krustentieren

Krustentiere brauchen vor dem Kochen nur wenig vorbereitet zu werden. Alle Muscheln müssen gründlich gewaschen werden, sollten aber nicht zu lange im Wasser bleiben, weil sonst der Geschmack beeinträchtigt wird.

Das Abziehen eines ganzen Rundfisches

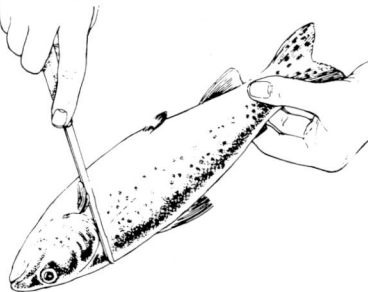

1. Die Haut direkt hinter den Kiemendeckeln ablösen und je einen Schnitt am Rücken und Bauch entlang bis zum Schwanz machen.

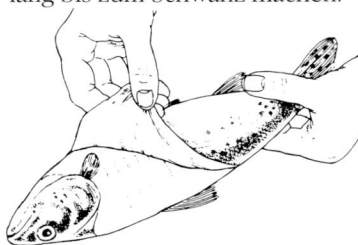

2. Die Haut zum Schwanz hin abziehen.

Das Abziehen von Rundfischfilets

Das Filet mit der Hautseite nach unten legen und mit flachen Schrägschnitten die Haut vom Fleisch lösen.

Das Abziehen von ganzen oder filetierten Plattfischen

Außer bei der Seezunge wird nur die dunkle Hautseite abgezogen.

1. Die Haut am Schwanzflossenansatz quer einschneiden.

2. Die Haut zum Kopf hin abziehen (etwas Salz an den Fingern verhindert dabei das Abrutschen).

Das Filetieren von Plattfischen

1. Die Flossen abschneiden und Einschnitte längs der Rückengräte und unmittelbar hinter dem Kopf machen.

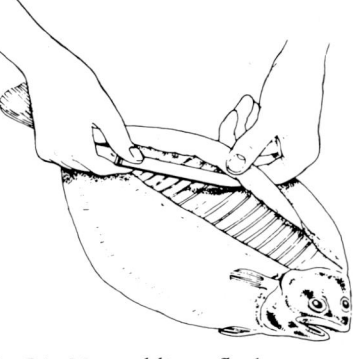

2. Die Messerklinge flach unter das Filet schieben und das Filet von den Gräten lösen. Das Filet abheben. Ebenso bei den drei übrigen Filets.

Das Filetieren von Rundfischen

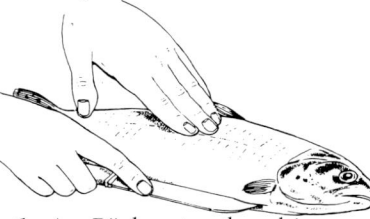

1. Am Rückgrat entlang bis zum Schwanz und schräg hinter den Kiemendeckeln auf beiden Seiten tief einschneiden.

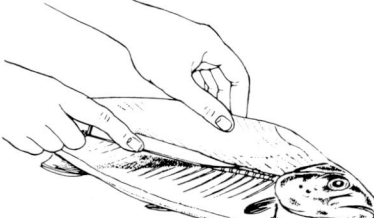

2. Das Filet mit flachen Schrägschnitten von den Gräten lösen.

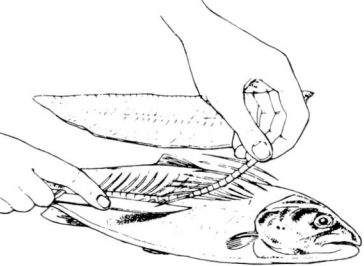

3. Das Rückgrat ablösen.

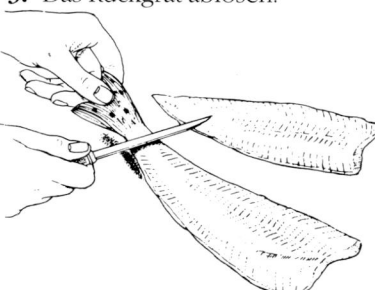

4. Die Schwanzflossen abschneiden und mit einer Pinzette die kleinen Gräten herausziehen.

Das Abziehen von Aal

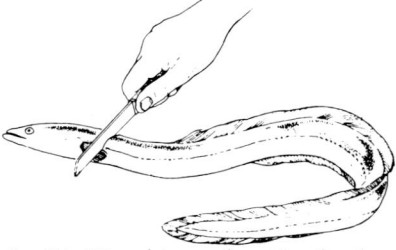

1. Die Haut hinter dem Kopfende und den Brustflossen rundum einschneiden.

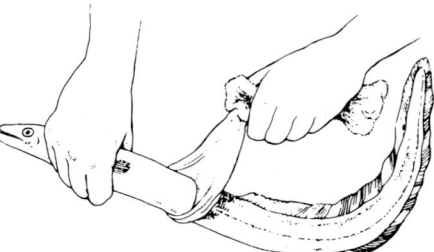

2. Die Haut etwas lösen und vom Kopf zum Schwanz hin abziehen.

Das Vorbereiten von Tintenfisch

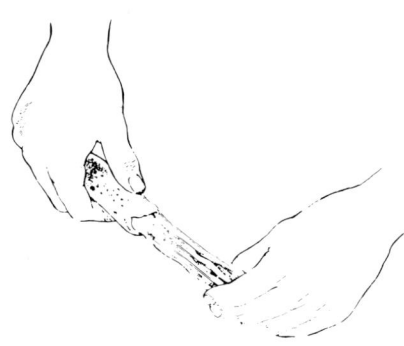

1. Den Kopf an den Tentakeln vorsichtig aus dem Körperbeutel ziehen. Dabei kommen Eingeweide, Kauwerkzeuge und Tintensack mit heraus. Sie werden bis auf den Tintensack (wenn man die Sepiaflüssigkeit braucht) entfernt.

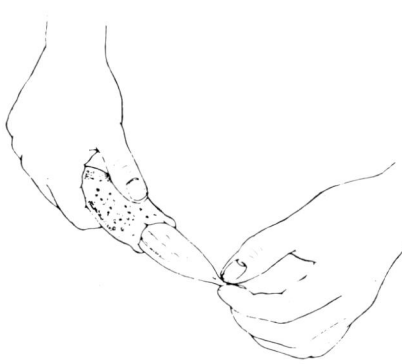

2. Das durchsichtige Fischbein sowie die Innenmembrane entfernen.

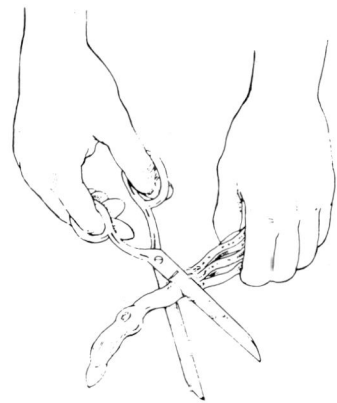

3. Oberhalb des Kopfes die Tentakel abschneiden.

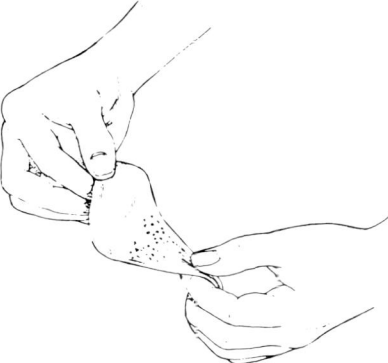

4. Den Körperbeutel häuten. Die Flossen abschneiden und ebenfalls häuten. Körpersack, Tentakel und Flossen gründlich abspülen.

Einen gekochten Hummer auslösen

1. Die Hummerscheren und Glieder abdrehen. Den Hummer halbieren.

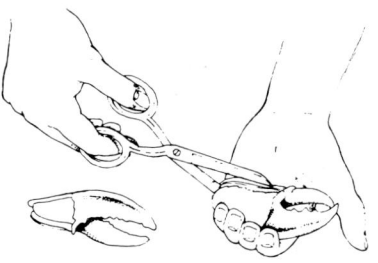

2. Die grünliche Leber, das Corail und das Schwanzfleisch auslösen.

3. Die Scheren und die Glieder aufschneiden und das zarte Fleisch auslösen.

Das Vorbereiten von Muscheln

Die Muscheln entbarten, die Schalen unter fließendem Wasser abbürsten, dabei die Seepocken abkratzen. Die Muscheln einige Stunden in sauberes, leicht gesalzenes Wasser legen, damit sie den Sand ausstoßen. Alle Muscheln entfernen, die sich nicht schließen oder beim Waschen auf der Wasseroberfläche schwimmen.

Das Vorbereiten von Austern

Die Austern mit der flachen Seite nach oben in einem gefalteten Küchentuch festhalten. Mit einem kurzen, kräftigen Messer am Scharnier einstechen, mit einer Drehbewegung die Schalen etwas auseinanderdrücken und den Schließmuskel durchtrennen. Die Deckschale abheben, dabei keine Austernflüssigkeit, die sich in der unteren Schale befindet, vergießen. Mit dem Messer das Austernfleisch auslösen. Schalenreste am Austernfleisch in der Austernflüssigkeit (nie in Wasser) abspülen. Die Austernflüssigkeit durch ein Passiertuch gießen und weiterverwenden. Auf die gleiche Art werden Venusmuscheln (*Clams*) vorbereitet.

Das Vorbereiten von Jakobsmuscheln

Jakobsmuscheln werden wie Austern geöffnet, danach auf eine Warmhalteplatte oder in eine heiße Pfanne gelegt, damit sie sich ganz öffnen. Das Muschelfleisch auslösen. Die weiße »Nuß« sowie das orangefarbene Corail abtrennen und den Rest entfernen. Vorsichtig die eventuell vorhandene dunkle Flüssigkeit aus dem Corail drücken.

Das Vorbereiten von Kraken

Zunächst werden die Tentakel abgeschnitten, danach der obere Teil des Körpersacks. Der Kopf mit den Augen, der sich zwischen Tentakeln und Körpersack befindet, wird entfernt. Den Körpersack umstülpen und die Eingeweide entfernen. Dann den Körpersack 3–4 Minuten in kochendem Salzwasser blanchieren, damit man anschließend mit Salz die Haut abreiben kann. Zuletzt die Saugnäpfe von den Tentakeln abschneiden und alle Teile gründlich abspülen.

Das Zubereiten

Fische und Meeresfrüchte haben ein ganz besonderes Fleisch. Fischfleisch besteht zu 70 Prozent aus Wasser, zu 20 Prozent aus Eiweiß und zu 10 Prozent aus Fett. Ihr Muskelfleisch besteht aus Segmenten von ziemlich kurzen Fasern, die durch sehr dünne Lagen von Bindegewebe getrennt sind. Deswegen und wegen des geringen Fettanteils sollte Fisch so kurz und bei so niedrigen Temperaturen wie möglich gegart werden – und zwar nur bis auf den Punkt, an dem das Muskeleiweiß gerinnt. Danach wird das Fleisch trocken. Es verliert seinen Saft und seinen Geschmack, wird zäh und zerfällt. Zu lange und bei zu hohen Temperaturen gekochte Meeresfrüchte werden zäh, trocken und faserig. Die Temperatur, bei der Eiweiß ausflockt und gerinnt, liegt bei 60° C für Fleisch, aber nur bei 40° C für Fisch und Meeresfrüchte.

Plattfische erfordern besondere Aufmerksamkeit. Sie haben kein eigenes Fett, das ihr Fleisch beim Garen vor dem Austrocknen schützen könnte. Infolge ihrer platten Form und großen Oberfläche verdunstet ihr Saft schneller als bei anderen Fischen oder geht in die Pochierflüssigkeit über.

Grillen

Das Grillen ist eine besonders gesunde Methode, kleine oder mittelgroße Rund- und Plattfische zuzubereiten, vor allem wenn sie wie Makrelen oder Heringe in ihrem eigenen Fett garen können. Ebenso ist Grillen eine gute Garmethode für Filets und Portionsstücke, da sich dabei die Poren schnell schließen und kein Saft verlorengeht.

Besondere Hinweise:

☆ Den Grillrost oder die Grillpfanne mit Öl bestreichen, damit das Grillgut nicht anhängt.

☆ Der Grill darf nicht zu heiß sein, sonst wird der Fisch trocken.

☆ Beim Grillen von mariniertem Fisch muß dieser öfter mit der Marinierflüssigkeit bestrichen werden, damit er nicht austrocknet.

☆ Man kann mit glühenden Metallspießen ein dekoratives Gittermuster aufbrennen.

☆ Zum Grillen sollte die Fischhaut möglichst nicht entfernt werden. Zum einen schützt die darunter liegende Fettschicht den Fisch vor dem Austrocknen, zum anderen schmeckt eine knusprig gegrillte Haut köstlich.

☆ Beim Grillen von ganzen Fischen kerbt man die Haut beidseitig in regelmäßigen Abständen ein. In die Kerben werden feingeschnittene Kräuter und Öl gestrichen. So kann die Hitze in die dickeren Teile besser eindringen, und der Fisch gart gleichmäßiger.

☆ Wenn der Fisch genügend gebräunt ist, muß er mit Alufolie abgedeckt werden, damit er nicht verbrennt, bevor er gar ist.

☆ Besonders wichtig ist, daß man das Grillgut nicht aus den Augen läßt.

Pochieren

Das Pochieren ist eine herkömmliche und schonende Methode, Fisch zu garen. Es ist besonders geeignet für große Portionsstücke oder für ganze Fische wie etwa Lachs und, mit besonderer Vorsicht, für Plattfische.

Besondere Hinweise:

☆ Große Fische werden am besten in einem länglichen Fischkessel mit herausnehmbarem Siebeinsatz gegart, der überall erhältlich ist. Falls man keinen Spezialkessel mit herausnehmbarem Einsatz hat, sollte man den Fisch auf ein gefaltetes Mulltuch oder auf Alufolie legen, die auf beiden Seiten zum Anfassen übersteht.

☆ Der Pochierfond soll auf etwa 70° C erhitzt werden. Er darf auf keinen Fall kochen, denn sonst läuft der Fischsaft sofort in den Fond aus. Anschließend wird der Fond gewöhnlich reduziert und als Saucengrundlage verwendet.

☆ Der Fisch soll zwar von der Flüssigkeit bedeckt, aber nicht in ihr ertränkt werden. Er ist gar, wenn sein Fleisch milchig-weiß geworden ist.

☆ Große Fische werden kalt angesetzt und allmählich auf die Pochiertemperatur gebracht. Kleine Filets und Filetstreifen (*goujons*) werden unmittelbar in den erhitzten Pochierfond gelegt, damit sich die Poren sofort schließen und kein Saft- und Geschmacksverlust eintritt.

☆ Fische, die »blau« gekocht werden (siehe Seite 102), legt man in einen Fond, der bis knapp unter dem Siedepunkt – etwa 95° C – erhitzt ist. Sie werden je nach Größe zwischen 5 und 10 Minuten gegart.

Das Garen über Dampf

Das Dämpfen ist eine ausgezeichnete und immer beliebter werdende Methode, kleinere Fische, Fischfilets und Portionsstücke, besonders aber zartfleischigen Fisch zuzubereiten. Dabei bleibt das Fleisch fest und saftig.

Besondere Hinweise:

☆ Den Dämpfeinsatz mit Butter ausstreichen oder mit Alufolie auslegen und darauf die Fische oder Fischteile nebeinander in einer Schicht legen. So können sie gleichmäßig im zirkulierenden Dampf garen.

☆ Um den Fisch zu aromatisieren, kann man ihn auf Meeresalgen oder Gartenkräuter legen.

☆ Da die Flüssigkeit unterhalb des Dämpfeinsatzes verkocht, muß man nötigenfalls Flüssigkeit (Wasser oder Fischfond) nachgießen. Anschließend läßt sich diese Flüssigkeit als Grundlage für die Sauce verwerten.

Das Sautieren

Das Sautieren ist eine sanfte, geschmacksteigernde Garmethode für kleinere Fische und Fischfilets von feinem, mildem Geschmack.

Besondere Hinweise:

☆ Vor dem Sautieren muß der Fisch mit Küchenpapier gründlich trockengetupft werden.

☆ Zum Sautieren benötigt man etwas Fett, vorzugsweise geklärte, ungesalzene Butter (Butterschmalz), die hoch erhitzt werden kann, ohne wie ungeklärte Butter zu verbrennen. Man kann nach Belieben auch eine Mischung aus geklärter Butter und Erdnußöl verwenden.

☆ Die Pfanne muß groß genug sein, damit man den Fisch wenden kann, ohne ihn zu zerbröckeln. Nicht zuviel auf einmal sautieren.

☆ Man kann den Fisch vor dem Sautieren mit Mehl bestäuben. Dazu sollte man stets einen Behälter mit Mehl bereithalten, das mit Salz und frisch gemahlenem Pfeffer gewürzt ist. Der Trick beim Mehlieren besteht darin, daß man den Fisch vorher gründlich trockengetupft hat, ihn anschließend mit reichlich gewürztem Mehl bestäubt und danach das überschüssige Mehl abschüttelt, so daß nur eine feine Schicht übrigbleibt, die im heißen Fett zu einer köstlichen goldbraunen Kruste backt.

☆ Sautierter Fisch sollte vor dem Servieren auf Küchenpapier entfettet werden. Er darf nie zugedeckt warm gehalten werden.

Das Dünsten

Bei dieser Garmethode wird der Fisch mit etwas Flüssigkeit (Fischfond, Wein, Champagner) benetzt und auf einem Bett von angedünstetem Würzgemüse im mäßig warmen Ofen gegart. Gewöhnlich werden ganze Fische — Lachs, Meerbrassen, Heilbutt — und große Schwanz- und Portionsstücke so zubereitet.

Besondere Hinweise:

☆ Wenn der Fisch nicht zugedeckt gedünstet wird, muß er in regelmäßigen Abständen mit dem Fond, der dabei entsteht, begossen werden, damit er nicht austrocknet.

☆ Die Haut von ganzen Fischen sollte eingekerbt werden, damit das Aroma des Fonds und des Würzgemüses eindringen kann.

☆ Der Dünstfond wird während des Garens reduziert und kann anschließend als Saucengrundlage verwendet werden.

Das Fritieren

Diese Garmethode ist bestens geeignet für kleine Fische wie Sardinen, für kleine Filets oder Filetstreifen von Weißfisch wie Flußbarsch, Felchen und Zander, für Tintenfische und Garnelen.

Besondere Hinweise:

☆ Der Fisch muß in gleichmäßige kleine Stücke geschnitten sein. Zu große Stücke bräunen, ehe sie gar sind.

☆ Zum Fritieren nimmt man ein neutral schmekkendes Öl (Erdnußöl oder auch Plattenfett).

☆ Durch Bemehlen, Panieren oder Überziehen mit einem Ausbackteig wird das zarte Fischfleisch am besten vor der starken Hitze geschützt.

☆ Damit der Fisch schön knusprig wird, muß er in zwei Etappen fritiert werden. Zuerst wird er bei 160° C vorfritiert, herausgehoben und abgetropft; dann bei 190° C fertig fritiert.

☆ Die Friteuse nie zu voll füllen, sondern kleine Mengen nacheinander fritieren, damit das Fett nicht zu stark abkühlt.

☆ Das Öl muß stets so heiß sein, daß der Saft im Fisch zu Dampf wird. Der austretende Dampf verhindert, daß das Öl in den Fisch dringt.

☆ Räucherfisch sollte nicht fritiert werden, außer wenn er in Ausbackteig gehüllt ist, da er das Fritieröl verdirbt. Das gleiche gilt, wenn Salz ins Fritierfett kommt.

☆ Nach dem Fritieren sollte man den Fisch auf Küchenpapier abtropfen lassen.

☆ Fritierter Fisch sollte sofort serviert werden. Er darf nicht zugedeckt oder wieder aufgewärmt werden.

Das Schmoren

Das Schmoren ist ein langsames Garen über geringer Hitze. Schmoren ist auf dem Herd wie im Backofen möglich. Dazu eignet sich fester, entgräteter Fisch wie Seeteufel, Kabeljau oder Aal. Es ist außerdem eine ausgezeichnete Garmethode für Tintenfische und Kraken.

Besondere Hinweise:

☆ Die Fischstücke müssen so gleichmäßig wie möglich geschnitten sein.

☆ Der Topfdeckel muß fest schließen.

☆ Während der ganzen Garzeit muß eine gleichmäßige, gelinde Hitze gehalten werden.

☆ Gegebenenfalls muß Flüssigkeit nachgegossen werden.

Das Braten im Backofen

Diese Garmethode eignet sich besonders für größere Fische oder für große, dicke Filets.

Besondere Hinweise:

☆ Größere Fische kann man entgräten und füllen. Dies bietet sich an, wenn man einen Fisch für eine größere Personenzahl zubereiten will. Man sollte die Bauchhöhle mit einem dunklen Küchenzwirn zunähen (den man nachher besser erkennen und entfernen kann).

☆ Im Heißluftherd sollte der Fisch in regelmäßigen Abständen mit etwas Fond oder Wein begossen werden. Bei starker Oberhitze bestreicht man ihn besser mit Butter oder Olivenöl.

☆ Kleinere Filets geraten besonders gut, wenn man sie *en papillote* gart, das heißt: luftdicht in Folie oder in gebuttertem Pergamentpapier verpackt (siehe Seite 223). Dies ist eine der einfachsten und effektivsten Garmethoden für Fisch, die keine großen Vorbereitungen erfordert. Außerdem gehen keine Aromastoffe verloren.

Den Fisch im eigenen Saft garen

Ich möchte noch auf diese relativ neue Methode hinweisen, die man schwer in eine der bereits erwähnten Kategorien einordnen kann. Sie ist besonders gut anwendbar für kleinere Fische wie etwa Rotbarben oder für Filets und Steaks wie etwa vom Lachs.

Dazu braucht man einen Spezialtopf oder eine antihaftbeschichtete Pfanne mit hermetisch schließendem Deckel. Bei einigen dieser Spezialtöpfe befindet sich im Deckel ein Thermometer, wodurch eine exakte Temperaturüberwachung möglich ist. Der Fisch wird in den kalten Topf ohne Beigabe von Fett oder Flüssigkeit gelegt und im eigenen Saft über gelinder Hitze gegart. Dabei tritt kein Aromaverlust ein. Außerdem zerfällt der Fisch nicht und hat keine zusätzlichen Kalorien. Bei dieser Garmethode kann man den Fisch mit Kräutern aromatisieren.

Wann ist Fisch gar?

»Man muß mit Gefühl kochen«, rate ich stets jungen Köchen − vor allem, was die Garzeiten betrifft. Ich koche seit meinem siebenten Lebensjahr und habe gelernt, dabei meine fünf Sinne zu gebrauchen. Beim Kochen von Fisch ist vor allem der Tastsinn hilfreich.

Das Fleisch von rohem Fisch fühlt sich weich und schwammig an, je nach Fischart mehr oder weniger. Gegarter Fisch fühlt sich weich an, aber mit etwas Widerstand. Übergarter Fisch fühlt sich hart und gummiartig an, außerdem bricht er auseinander. Wenn man mit leichtem Druck die dickste Stelle des Fisches anfaßt, wird man bald ein Gefühl für die Veränderung bekommen, die das Fischfleisch während des Garens erfährt. Im allgemeinen wird die Garzeit nicht von der Länge des Fisches, sondern von seiner Dicke bestimmt.

Weitere Merkmale:

☆ Das vorher durchscheinende Fischfleisch wird opak. Es soll opak und saftig sein, wenn man den Fisch vom Herd nimmt, da es weitergart, wenn man den Fisch zum Servieren fertigmacht. Man kann überdies mit der Messerspitze etwas Fleisch an der dicksten Stelle zerpflücken. Das entstandene Loch sollte man mit einer kleinen Garnitur oder etwas Sauce verdecken.

☆ Bei ganzen Fischen wie etwa Wolfsbarsch oder Forelle läßt sich die Rückenflosse leicht herausziehen, wenn der Fisch gar ist.

☆ Die Garprobe bei einer Fischterrine besteht darin, daß man mit einem dünnen Metallspieß in die Terrinenmitte sticht. Nach einigen Sekunden zieht man sie heraus und hält sie an die Innenseite des Handgelenks. Die Nadel muß sich heiß anfühlen, darf aber die Haut nicht verbrennen.

Grundrezepte

Fischfond

FOND DE POISSON

Zutaten für etwa einen Liter
1 kg zerkleinerte Fischgräten
und Fischfleischabschnitte
50 g weißes Röstgemüse
(Zwiebel, weiße Lauch-
abschnitte, Knollensellerie,
Fenchel- und Dillblätter)
30 g Champignonabschnitte
20 g Butter
100 ml trockener Weißwein
1,2 l Wasser
Salz, frisch gemahlener
Pfeffer

Zubereiten

☆ Die Gräten und Fischfleischabschnitte gründlich wässern und abtropfen lassen.

☆ In einem großen flachen Topf das Röstgemüse und die Champignonabschnitte in der Butter anschwitzen.

☆ Die Gräten und Fischfleischabschnitte zufügen, den Weißwein und das Wasser angießen und 20 Minuten auf schwacher Hitze kochen lassen. Dabei gelegentlich abschäumen und entfetten.

☆ Den Fischfond durch ein Passiertuch oder feines Sieb abseihen und mit Salz und frisch gemahlenem Pfeffer würzen.

Hinweis

Wenn man einen Fischfond von wirklich guter Qualität erhalten möchte, sollte man nur Gräten von sehr frischen weißen Fischen wie Seezunge und Heilbutt verwenden.

Muschelfond

FOND DE MOULES

Zutaten für etwa einen Liter
1,5 kg gesäuberte Muscheln
500 ml Wasser
500 ml trockener Weißwein
1 kleine fein geschnittene
Schalotte
10 g klein geschnittener
Staudensellerie
einige Petersilienstiele,
etwas Thymian
frisch gemahlener Pfeffer

Zubereiten

☆ Muscheln aussondern, die beschädigt sind, die beim Waschen oben schwimmen oder sich nicht schließen.

☆ Das Wasser zusammen mit dem Weißwein, dem Würzgemüse und den Kräutern in einer weiten Deckelpfanne zum Kochen bringen.

☆ Die Muscheln in einer Schicht einlegen und mit frisch gemahlenem Pfeffer würzen. Zugedeckt nur drei bis vier Minuten kochen lassen, bis sich die Muscheln geöffnet haben. Nicht länger kochen, da sonst das Muschelfleisch zäh wird.

☆ Die Muscheln mit einem Sieblöffel aus dem Fond heben und für ein anderes Gericht verwenden. Diejenigen, die sich während des Kochens nicht geöffnet haben, wegwerfen.
☆ Den Fond etwa drei bis vier Minuten abstehen lassen, damit er sich setzt. Anschließend vorsichtig durch ein Passiertuch gießen, um etwaige Sandkörner zu entfernen.

Fischsud

COURT-BOUILLON

Zutaten für etwa 2,5 Liter
500 ml trockener Weißwein
2 l Wasser
200 g Karottenwürfel
100 g weiße Lauchabschnitte
100 g Zwiebelwürfel
50 g Selleriewürfel
1 ungeschälte Knoblauchzehe
5 Petersilienstiele
1 kleiner Thymianzweig
½ Lorbeerblatt
5 zerdrückte weiße Pfefferkörner
3 Korianderkörner
Salz

Zubereiten
☆ In einem großen Topf den Weißwein zusammen mit dem Wasser aufkochen.
☆ Alle Würzzutaten bis auf das Salz zufügen und bei schwacher Hitze zehn Minuten kochen lassen. Anschließend mit Salz abschmecken und durch ein feines Sieb gießen.

Hinweis
Dieser Sud wird zum Pochieren von Fischen und zum Abkochen von Hummern und anderen Schaltieren verwendet.

Heller Geflügelfond

FOND BLANC DE VOLAILLE

Zutaten für einen Liter
1 Suppenhuhn oder
1 kg Geflügelkarkassen
und Geflügelklein
3 l Wasser
50 g weißes Würzgemüse
(Zwiebeln, weiße Lauchab-
schnitte, Sellerie, 1 Lorbeerblatt)
Salz, frisch gemahlener Pfeffer

Zubereiten
☆ Das Suppenhuhn – oder die Geflügelkarkassen und das Geflügelklein – etwa 2 Minuten blanchieren und abtropfen lassen.
☆ In 3 Liter Wasser aufsetzen, zum Kochen bringen und abschäumen.
☆ Das weiße Würzgemüse zusetzen und mit Salz und frisch gemahlenem Pfeffer würzen.
☆ Etwa 2 Stunden bei schwacher Hitze kochen lassen. Von Zeit
zu Zeit den Schaum und das Fett abschöpfen.
☆ Danach den Geflügelfond durch ein Passiertuch oder ein feines Sieb ablaufen lassen und abschmecken.

Fischsabayon

SABAYON DE POISSON

Zutaten für vier Personen
1 EL Noilly Prat
1 EL trockener Weißwein
1 kleine fein gewürfelte
Schalotte
2 Eigelb
50 g kalte Butter
Saft von ½ Zitrone
Salz, frisch gemahlener Pfeffer
Cayennepfeffer

Zubereiten
☆ Den Noilly Prat zusammen mit dem Weißwein und den Schalottenwürfeln aufkochen und auf die Hälfte reduzieren.
☆ Diese Reduktion in eine Metall- oder Glasschüssel schütten
und mit dem Eigelb verrühren. Im Wasserbad mit dem Schnee-
besen aufschlagen, bis die Masse bindet.
☆ Danach abseits vom Herd die eiskalte Butter flockenweise
einschlagen.
☆ Durch ein feines Sieb passieren und nochmals kurz erwärmen. Nicht mehr kochen lassen, da die Sauce sonst gerinnt.
☆ Mit dem Zitronensaft, dem Salz und frisch gemahlenem Pfeffer sowie einer Prise Cayennepfeffer abschmecken und warm
servieren.

Hummerbutter

BEURRE DE HOMARD

Zutaten
100 g zerkleinerte Hummerschalen
150 g weiche Butter
etwas Cognac
Salz, frisch gemahlener Pfeffer

Zubereiten
☆ Die zerkleinerten Hummerschalen werden auf einem Blech im 180 Grad heißen Backofen etwa 15 Minuten geröstet, um ihr Aroma zu verstärken.

☆ Danach die Hummerschalen zwischen zwei Lagen Pergamentpapier mit einem Teigroller zerdrücken oder im Mörser zerstampfen. Anschließend in die weiche Butter rühren. Die Buttermischung über mäßiger Hitze unter ständigem Rühren klären, dabei mehrmals abschäumen.

☆ Mit kochendem Wasser auffüllen. Danach die heiße Flüssigkeit durch ein Sieb in eine Schale gießen und abkühlen lassen. Die erkaltete Butter setzt sich an der Oberfläche ab und wird herausgehoben.

☆ Die Butter nochmals schmelzen. Mit Salz und frisch gemahlenem Pfeffer würzen und den Cognac einrühren. Durch ein Passiertuch seihen und erkalten lassen.

Hinweis
Hummerbutter hebt den Geschmack vieler Fischsaucen.
Sie hält sich im Kühlschrank etwa 10 Tage und läßt sich
gut einfrieren. Krebsbutter wird ebenso zubereitet.

Weißweinsauce

SAUCE AU VIN BLANC

Zutaten für vier Personen
200 ml Fischfond
(siehe Seite 22)
100 ml trockener Weißwein
50 ml Noilly Prat
1 kleine fein gewürfelte
Schalotte
150 ml Crème double
50 g kalte Butter
Salz, frisch gemahlener
weißer Pfeffer

Zubereiten

☆ Den Fischfond mit dem Weißwein, dem Noilly Prat und den Schalottenwürfeln aufkochen und über großer Hitze auf die Hälfte reduzieren.

☆ Die Crème double einrühren und über gelinder Hitze sämig einkochen lassen.

☆ Vom Feuer nehmen und die eiskalte Butter mit dem Rührbesen flockenweise einschlagen oder — um Kalorien zu sparen — die Sauce statt mit Butter mit Speisestärke andicken. Die Sauce durch ein feines Sieb passieren und nochmals kurz erwärmen. Mit Salz und frisch gemahlenem weißem Pfeffer abschmecken und servieren.

Hinweis

Dies ist eine moderne Grundsauce, die sich vielfältig abwandeln läßt. Sie beruht nicht auf einer Mehlschwitze, sondern ist eine Emulsion.

Weißweinsauce mit Kaviar

SAUCE MOSCOVITE

Unter die fertige Weißweinsauce kurz vor dem Servieren 30 Gramm Kaviar heben und nochmals abschmecken.

Weißweinsauce mit geschlagener Sahne

SAUCE MOUSSELINE

Unter die fertige Weißweinsauce 50 ml geschlagene Sahne heben und nochmals abschmecken.

Safransauce

SAUCE AU SAFRAN

Zutaten für vier Personen
200 ml Fischfond (siehe Seite 22)
100 ml trockener Weißwein
75 ml Noilly Prat
1 kleine fein gewürfelte
Schalotte
175 ml Sahne
einige Safranfäden
25 g kalte Butter
Salz, frisch gemahlener weißer
Pfeffer
Cayennepfeffer

Zubereiten
☆ Den Fischfond zusammen mit dem Weißwein, dem Noilly Prat und den Schalottenwürfeln zum Kochen bringen und über großer Hitze auf 100 ml einkochen lassen.
☆ Die Sahne einrühren und nochmals aufkochen. Über gelinder Hitze reduzieren, bis die Sauce sämig ist.
☆ Die Sauce vom Herd nehmen, die Safranfäden zufügen und einige Minuten ziehen lassen.
☆ Abseits vom Herd die kalte Butter flockenweise einschlagen. Anschließend die Sauce durch ein Passiertuch oder ein feines Sieb passieren und nochmals erwärmen.
☆ Danach die Sauce mit Salz und frisch gemahlenem Pfeffer abschmecken und servieren.

Hinweis
Safran ist ein empfindliches Gewürz. Es soll
lichtgeschützt aufbewahrt und erst zum Schluß
den Speisen zugefügt werden, damit sich sein
Aroma nicht verflüchtigt.

Kräutersauce

SAUCE AUX HERBES

Zutaten für vier Personen
150 ml Fischfond
(siehe Seite 22)
100 ml trockener Weißwein
50 ml Noilly Prat
1 kleine fein gewürfelte Schalotte
150 ml Sahne
einige Kerbel- und Dillstiele
50 g kalte Butter
1 TL fein gezupfter Kerbel
1 TL fein geschnittener Dill
1 TL fein geschnittenes
Basilikum
1 TL fein geschnittener
Schnittlauch
Salz, frisch gemahlener Pfeffer

Zubereiten
☆ Den Fischfond zusammen mit dem Weißwein, dem Noilly Prat und den Schalottenwürfeln aufkochen und auf etwa 100 ml reduzieren.

☆ Die Sahne einrühren und wieder zum Kochen bringen. Die Kerbel- und Dillstiele leicht zerquetschen und in die Sauce geben.

☆ Bei schwacher Hitze sämig einkochen lassen. Anschließend durch ein feines Sieb passieren.

☆ Abseits vom Herd die kalte Butter flockenweise einschlagen. Zuletzt die fein geschnittenen Kräuter einrühren, die Sauce nochmals erwärmen, abschmecken und servieren.

Rote Paprikasauce

SAUCE AUX POIVRONS ROUGES

Zutaten für vier Personen
2 mittelgroße rote Paprikaschoten
1 EL Olivenöl
2 kleine ungeschälte
Knoblauchzehen
1 kleine gewürfelte Schalotte
2 Thymianzweige
600 ml Fischfond (siehe Seite 22)
100 ml Crème double
Salz, frisch gemahlener Pfeffer,
1 Prise Zucker

Zubereiten
☆ Die Paprikaschoten halbieren, den Stielansatz sowie die Kerne entfernen und das Fruchtfleisch würfeln.

☆ Das Olivenöl in einer schweren Pfanne erhitzen und darin die ungeschälten, aber leicht zerdrückten Knoblauchzehen und die Schalottenwürfel glasig anschwitzen.

☆ Die Paprikawürfel sowie die beiden Zweige Thymian zufügen und den Fischfond angießen. Unter öfterem Rühren etwa 15 Minuten bei schwacher Hitze kochen lassen, bis die Paprikaschoten weich sind.

☆ Im Mixer pürieren. Anschließend die Crème double einrühren und nochmals erwärmen. Mit Salz, frisch gemahlenem Pfeffer und einer Prise Zucker abschmecken.

Gelbe und grüne Paprikasauce

Diese Saucen werden genauso wie die rote Paprikasauce zubereitet, nur daß man statt roten Paprikaschoten gelbe oder grüne verwendet. Das Grün wird intensiver, wenn man mit dem grünen Paprika einige rohe Spinatblätter püriert.

Holländische Sauce

SAUCE HOLLANDAISE

Zutaten für vier Personen
1 EL Weißweinessig
1 kleine fein gewürfelte
Schalotte
2–3 weiße Pfefferkörner
1 EL kaltes Wasser
3 Eigelb
200 g geklärte flüssige Butter
etwas Zitronensaft
Salz, frisch gemahlener weißer
Pfeffer

Zubereiten
☆ In einer kleinen Kasserolle den Weißweinessig zusammen mit den Schalottenwürfeln und den leicht zerdrückten weißen Pfefferkörnern fast völlig einkochen lassen. Vom Feuer nehmen, 1 Eßlöffel kaltes Wasser und anschließend das Eigelb einrühren. Im Wasserbad schaumig aufschlagen bis die Sauce bindet. Falls die Sauce zu heiß wird und anfängt zu gerinnen, sofort einen Teelöffel kaltes Wasser einschlagen, damit sie wieder cremig wird.
☆ Die Sauce aus dem Wasserbad nehmen und die flüssige Butter nach und nach einschlagen.
☆ Mit Zitronensaft, Salz und frisch gemahlenem weißem Pfeffer abschmecken und die Sauce zuletzt durch ein feines Sieb passieren.

Hinweis
Gibt man zu den Schalottenwürfeln fein geschnittene Estragonblätter und ersetzt den Weinessig durch Estragonessig, so erhält man eine Sauce béarnaise, die ausgezeichnet zu vielen Fischgerichten paßt.

Hummersauce

SAUCE DE HOMARD

Zutaten für vier Personen

*1 weiblicher Hummer
von etwa 450 g
50 g weiche Butter
2 EL Olivenöl
50 g Röstgemüse
(kleine Karotten-, Zwiebel-,
Lauch- und Selleriewürfel
sowie Petersilienstiele)
50 g Tomatenwürfel
2 EL Cognac
100 ml trockener Weißwein
500 ml Fischfond (siehe Seite 22)
½ EL fein geschnittener Dill
½ EL fein geschnittener Estragon
etwas Fischglace (siehe unten)
Salz, frisch gemahlener Pfeffer*

Zubereiten

☆ Den lebenden Hummer mit eiskaltem Wasser übergießen und mit dem Kopf zuerst in reichlich kochendes Wasser geben. Zugedeckt etwa 1 Minute kochen, um ihn abzutöten. Anschließend herausheben und den Hummer längs halbieren. Mit der Schale in Stücke schneiden. Vorher den ungenießbaren Kopfsack sowie den dunklen Darmstrang entfernen. Das Corail — die Hummereier — in die weiche Butter rühren und diese kühl stellen.

☆ Das Olivenöl in einer schweren Pfanne erhitzen und die Hummerstücke zufügen. Unter ständigem Rühren von allen Seiten anrösten, bis die Hummerschalen sich rot gefärbt haben.

☆ Das Röstgemüse sowie die Tomatenwürfel einrühren und 2 bis 3 Minuten anschwitzen.

☆ Mit dem Cognac übergießen, flambieren und mit dem Weißwein ablöschen. Danach den Fischfond angießen, die Kräuter zufügen und den Fond zum Kochen bringen. Anschließend die Hummerstücke herausheben und das Fleisch auslösen. (Es wird für ein anderes Gericht verwendet.) Die Hummerschalen im Mörser so fein wie möglich zerstoßen und in den Fond zurückgeben. Bei geringer Hitze weitere 30 Minuten kochen lassen.

☆ Etwas Fischglace einrühren und den Saucenfond auf etwa ein Drittel seines ursprünglichen Volumens einkochen. Die gut gekühlte Buttermischung flockenweise einrühren, um die Sauce zu binden.

☆ Die Sauce durch ein Passiertuch treiben und nochmals abschmecken.

Fischglace

In einem Topf mit möglichst großem Durchmesser 5 Liter Fischfond (siehe Seite 22) zum Kochen bringen und bei mäßiger Hitze auf die Hälfte reduzieren. Den reduzierten Fond in einen kleineren Topf umschütten und weiter einkochen lassen. Dieses so oft wiederholen, bis nur noch 200 ml sirupartige Glace übrig bleibt. Dabei mit einem Spachtel den Topfrand sauberhalten, damit der Fond hier nicht ansetzt und verbrennt. Die fertige Fischglace abkühlen lassen und im Kühlschrank aufbewahren.

Tomatencoulis

SAUCE COULIS DE TOMATES

Zutaten für vier Personen
550 g feste reife Tomaten
20 g Butter
2 kleine Schalotten
½ Knoblauchzehe
1 Thymianzweig
1 Rosmarinzweig
Salz, frisch gemahlener Pfeffer
1 Prise Zucker

Zubereiten

☆ Die Tomaten blanchieren, kalt abschrecken und schälen. Anschließend halbieren, die Kerne ausdrücken und das Fruchtfleisch würfeln.

☆ In der Butter die fein gewürfelten Schalotten zusammen mit dem durch die Knoblauchpresse getriebenen Knoblauch etwa 3−4 Minuten glasig anschwitzen.

☆ Den Thymian- und den Rosmarinzweig zufügen und eine weitere Minute dünsten, bevor man die Tomatenwürfel einrührt. Die Sauce weitere 10−12 Minuten über gelinder Hitze kochen lassen.

☆ Danach die Kräuter herausnehmen und die Tomaten im Mixer — oder mit dem Schnellmixstab — pürieren.

☆ Anschließend die Sauce nochmals kurz erhitzen und mit Salz, frisch gemahlenem Pfeffer sowie einer Prise Zucker abschmecken.

Blätterteig

PÂTE FEUILLETÉE

Zutaten für reichlich 1 kg Teig
450 g Weizenmehl
175 ml Wasser
15 g Salz
500 g Butter

Zubereiten

☆ Das Mehl in eine große Schüssel sieben. Mit dem Wasser und dem Salz vermischen und zu einem elastischen Teig kneten. Diesen Vorteig 30 Minuten ruhen lassen.

☆ Anschließend zu einem länglichen Rechteck von 2 cm Dicke ausrollen.

☆ Die kalte Butter zwischen zwei Lagen Pergamentpapier oder Klarsichtfolie flach pressen. Danach in das Teigrechteck einschlagen und die Teigränder zusammendrücken, so daß die Butter fest eingeschlossen ist.

☆ Vorsichtig zu einem länglichen, 2 cm dicken Rechteck ausrollen.

☆ Danach den Teig so zusammenfalten, daß die beiden schmalen Teigenden in der Mitte zusammenstoßen. Anschließend so übereinanderklappen, daß die vorherige Mitte zur seitlichen Falte wird. Der Teig hat somit eine »doppelte Tour« bekommen und muß danach zwanzig Minuten im Kühlschrank ruhen.

☆ Anschließend gibt man dem Teig eine »einfache Tour«, indem man ihn wieder rechteckig 1 cm dick ausrollt, das rechte Teigdrittel über das mittlere legt, das linke Teigdrittel darüberklappt und somit eine dreilagige Teigplatte erhält.

☆ Blätterteig erfordert 4 doppelte oder 6 einfache Touren. Für Pastetenhüllen ist eine weitere Tour erforderlich. Nach jeder Tour muß der Teig 20 Minuten im Kühlschrank ruhen. Vor der Weiterverarbeitung soll der Teig mindestens 2 Stunden in den Kühlschrank, damit er fest wird, sich gleichmäßig ausrollen und sauber zurechtschneiden läßt. Dafür ist ein scharfes Messer oder ein scharfer Ausstecher erforderlich, damit ein glatter Schnitt entsteht und der Teig nicht zusammengedrückt wird.

Hinweis

Durch das wiederholte Tourengeben gelangt zwischen jedes Teigblatt eine dünne Schicht Butter. Butter enthält etwa 60 Prozent Wasser, das während des Backens verdampft und ein Dampfkissen bildet. Dieses Dampfkissen treibt die Teigschichten in die Höhe und macht sie blättrig. Der Teig muß während der Bearbeitung immer wieder ausruhen und gekühlt werden, damit die Butter nicht schmilzt und durch die Teigschichten sickert.

Filoteig

Zutaten für etwa 650 g Teig
300 g Weizenmehl
100 g Speisestärke
½ TL Salz
250 ml Wasser

Zubereiten

☆ Das Mehl, die Speisestärke und das Salz in eine Schüssel sieben und eine Vertiefung in die Mitte drücken.

☆ Etwa die Hälfte des Wassers in die Vertiefung gießen und das Mehl nach und nach gleichmäßig einarbeiten. Das restliche Wasser zufügen und den Teig so lange kneten, bis er geschmeidig ist und nicht mehr an den Händen klebt.

☆ Den Teig zur Kugel formen, mit einem feuchten Küchentuch bedecken und für 1–2 Stunden kühl gestellt ruhen lassen, damit er elastisch wird und sich gut ausrollen läßt.

☆ Danach den Teig in vier Stücke schneiden. Auf einer bemehlten Unterlage erst eines der Teigstücke so dünn wie möglich zu einem Rechteck ausrollen. Über die übrigen Stücke eine erwärmte Metallschüssel stülpen, da Wärme den Teig geschmeidig hält.

☆ Zu groß ausgerollte Teigrechtecke halbieren und die Hälften einzeln ausrollen. Anschließend mit beiden Händen unter den Teig greifen und ihn von der Mitte her über die Handrücken hauchdünn wie einen Strudelteig ausziehen. Vorsichtig arbeiten, damit der Teig nicht reißt.

☆ Mit den übrigen Teigstücken ebenso verfahren. Auch den ausgerollten Teig ständig mit einem feuchten Küchentuch oder mit Klarsichtfolie bedecken, damit er nicht austrocknet, und ihn so schnell wie möglich weiterverarbeiten.

Eiernudeln

NOUILLES AUX ŒUFS FRAIS

Zutaten für vier Personen
200 g Weizenmehl oder feines
Weizenvollkornmehl
25 g Hartweizengrieß
½ EL Olivenöl
1 Ei
1 Prise Salz
3–4 EL heißes Wasser

Zubereiten

☆ Das Mehl sieben, mit dem Grieß in einer großen Schüssel vermischen und in die Mitte eine Vertiefung drücken. Das Olivenöl sowie das mit dem Salz und dem Wasser verquirlte Ei in die Vertiefung gießen. Nach und nach das Mehl von außen nach innen einarbeiten und zu einem festen, elastischen Teig verkneten.

☆ Den Teig zur Kugel formen, in ein feuchtes Küchentuch einschlagen und kühl gestellt mindestens 2–3 Stunden ruhen lassen.

☆ Anschließend den Teig in fünf Stücke teilen und jedes Teigstück so dünn wie möglich ausrollen. Die ausgerollten Teigflecke übereinanderlegen und in etwa 6 mm breite Streifen schneiden oder je einen ausgerollten Teigflecken von beiden Seiten locker zur Mitte einschlagen, danach in der Mitte zusammenklappen und in Streifen schneiden. Selbstverständlich kann man dazu auch eine Nudelmaschine benutzen.

☆ Diese Nudeln kann man sofort kochen, aber auch trocknen lassen. Frische Nudeln sind in 2 bis 3 Minuten fertig, getrocknete benötigen die doppelte Kochzeit.

Hinweis
Bei der Verwendung von Weizenvollkornmehl erhält man einen festeren Teig und braune Nudeln. Die Beschaffenheit des Teiges hängt außerdem von der Größe der Eier ab. Wenn man ein großes Ei verwendet, muß man noch etwas Mehl zufügen, damit man einen festen, gut ausrollbaren Teig erhält.

Safrannudeln

NOUILLES AU SAFRAN

Zutaten für vier Personen
200 g Weizenmehl
25 g Hartweizengrieß
½ EL Olivenöl
1 Ei
1 Prise Salz
einige Safranfäden oder 1 Prise
Safranpulver
3–4 EL heißes Wasser

Zubereiten
☆ Den Safran in 3–4 Eßlöffel heißem Wasser einweichen. Sobald sich das Wasser dunkelgelb gefärbt hat, wird es durch ein Sieb gegossen und mit dem Ei und dem Salz verquirlt. Danach mit der Mehlmischung zu einem Nudelteig verarbeiten.

Grüne Nudeln

NOUILLES VERTES

Zutaten für vier Personen
200 g Weizenmehl
25 g Hartweizengrieß
½ EL Olivenöl
1 Ei
1 Prise Salz
50 g Spinatpüree
etwas warmes Wasser

Zubereiten
☆ Falls nötig, das Spinatpüree mit etwas warmem Wasser verdünnen, mit dem Ei und dem Salz verquirlen und mit der Mehlmischung zu einem Nudelteig verarbeiten.

Sepianudeln

NOUILLES À L'ENCRE

Zutaten für vier Personen
200 g Weizenmehl
25 g Hartweizengrieß
½ EL Olivenöl
1 Ei
1 Prise Salz
2−3 EL reduzierte
Sepiaflüssigkeit

Zubereiten

☆ Die Tintenbeutel von 1 Kilo sehr frischer Tintenfische in einen kleinen Topf entleeren und langsam auf die benötigte Menge von 2−3 Eßlöffeln einkochen lassen oder, falls nötig, mit etwas warmem Wasser verlängern.

☆ Die Sepiaflüssigkeit mit dem Ei verquirlen und mit der Mehlmischung zu einem glatten Teig verarbeiten, wie im Rezept für Eiernudeln (Seite 34) angegeben ist. Das Fleisch der Tintenfische kann für einen Tintenfischsalat verwendet werden.

Suppen und Ragouts

Kabeljauragout mit Safran

RAGOÛT DE CABILLAUD AU SAFRAN

Zutaten für vier Personen
750 g Kabeljaufilet
1 fein gewürfelte Schalotte
20 g Butter
100 ml trockener Weißwein
200 ml Fischfond
(siehe Seite 22)
250 ml Sahne
einige Safranfäden
80 g Tomatenwürfel
Salz, Cayennepfeffer

Zubereiten

☆ Das Kabeljaufilet in gleichmäßige Streifen von je etwa 15 Gramm schneiden und diese mit Salz und Cayennepfeffer würzen.

☆ Die fein gewürfelte Schalotte in der Butter in etwa 2−3 Minuten glasig dünsten. Danach die Filetstreifen einlegen. Den Weißwein sowie den Fischfond angießen und bis zum Siedepunkt erhitzen.

☆ Die Fischstreifen nur 1 Minute pochieren, herausheben und warm halten. Den Fond aufkochen und schnell auf die Hälfte einkochen lassen. Danach die Sahne sowie die Safranfäden einrühren und 2−3 Minuten kochen lassen.

☆ Die Tomatenwürfel in die Sauce einrühren und mit Salz und etwas Cayennepfeffer würzen. Zum Schluß die Kabeljaustreifen in die Sauce einlegen und heiß werden lassen.

☆ Das Ragout auf vier vorgewärmte Teller verteilen und sofort servieren.

Curry von Meerbrassen und Garnelen

Zutaten für vier Personen

450 g Meerbrassenfilet
225 g rohe, geschälte
Garnelenschwänze
Saft von ½ Zitrone
etwas Mehl
1 EL feines Speiseöl
1 mittelgroße Zwiebel
je ½ TL gemahlener
Bockshornklee, Kurkuma
und Kreuzkümmel
1 mittelgroßer säuerlicher Apfel
250 ml Fischfond (siehe Seite 22)
25 g Rosinen
250 ml Sahne
250 g Tomatenwürfel
½ TL Garam masala
(siehe Hinweis)
Salz, 1 Prise Cayennepfeffer
geröstete Mandelblätter
als Garnitur

Zubereiten

☆ Das enthäutete Meerbrassenfilet sorgfältig nach noch vorhandenen Gräten absuchen und diese mit einer Pinzette herausziehen. Das Filet mit Zitronensaft beträufeln und in Würfel schneiden. Die Fischwürfel sowie die rohen, geschälten Garnelen mit Salz und etwas Cayennepfeffer würzen und leicht mit Mehl bestäuben. Kühl gestellt etwa 10 Minuten ruhen lassen.

☆ Das Öl in einer gußeisernen Pfanne erhitzen und darin die Fischwürfel und Garnelen etwa 2 Minuten von allen Seiten goldbraun anbraten. Herausheben und warm halten.

☆ Danach die fein gewürfelte Zwiebel in der Pfanne weich dünsten und die Curry-Gewürzpulver — Bockshornklee, Kurkuma, Kreuzkümmel — einrühren. (Vorsicht! Kurkuma färbt stark.) Den geschälten und in kleine Würfel geschnittenen Apfel zufügen und ebenfalls weich dünsten. Den Fischfond angießen und unter Rühren auf die Hälfte einkochen lassen.

☆ In den reduzierten Saucenfond die in heißem Wasser gewaschenen und gut abgetropften Rosinen, die Sahne und die geschälten, entkernten und würfelig geschnittenen Tomaten einrühren. Weitere 3—4 Minuten kochen lassen. Anschließend die Fischwürfel und Garnelen vorsichtig unterheben und nochmals kurz erhitzen.

☆ Mit Garam masala, Salz und einer Prise Cayennepfeffer abschmecken. Mit gerösteten Mandelblättern bestreuen und servieren. Als Beilage zu diesem Curry eignet sich ein mit etwas Kardamom gewürzter Basmatireis, ein besonders delikater indischer Langkornreis.

Hinweis

Garam masala ist eine aromatische indische Gewürzmischung, die in Spezialitätengeschäften erhältlich ist. Man kann sie leicht selbst herstellen, indem man je einen Eßlöffel Korianderkörner und grüne Kardamomkapseln, einen Teelöffel Pfefferkörner, eine zerkleinerte Zimtstange und 4 Gewürznelken in einer gußeisernen Pfanne ohne Fettzugabe anröstet, bis die Gewürze anfangen zu duften. Anschließend werden sie im Mörser zerstoßen. Luftdicht verschlossen, hält sich diese Gewürzmischung einige Monate.
Im Gegensatz zum Currypulver wird sie stets am Ende der Kochzeit zugefügt.

Geeiste Consommé mit rotem und schwarzem Kaviar

CONSOMMÉ FROID AUX DEUX CAVIARS

Zutaten für vier Personen
200 g Filet von Weißfischen
(Wittling, Kabeljau oder Hecht)
50 g gewürfelte Pastinaken
50 g gewürfelter Lauch
50 g gewürfelte Schalotten
1 Thymianzweig
½ Lorbeerblatt
1 Petersilienstiel
1 Eiweiß
1,2 l kalter Fischfond
(siehe Seite 22)
50 g Beluga- oder Sevruga-Kaviar
20 g Keta-Kaviar
Salz, frisch gemahlener Pfeffer
etwas Schnittlauch als Garnitur

Zubereiten

☆ Das Fischfilet fein hacken oder durch die grobe Scheibe des Fleischwolfs treiben. Mit dem fein gewürfelten Gemüse vermischen. Die Kräuter und das leicht geschlagene Eiweiß in die Mischung rühren.

☆ Den kalten Fischfond auf die Mischung gießen, eine halbe Stunde ruhen lassen, dabei gelegentlich umrühren. Danach in einem großen Topf unter ständigem Rühren, damit sich nichts ansetzt, zum Kochen bringen.

☆ Sobald der Fond anfängt zu kochen, die Hitze reduzieren und weitere 15—20 Minuten über gelinder Hitze ziehen lassen.

☆ Danach die Consommé vorsichtig durch ein feines Passiertuch gießen, mit Salz und frisch gemahlenem Pfeffer abschmecken und abkühlen lassen.

☆ Die abgekühlte Consommé auf vier Suppenteller verteilen. Wenn sie gerade anfängt zu gelieren, die beiden Sorten Kaviar — den schwarzen als äußeren Rand, den roten in die Mitte — einlegen und mit etwas Schnittlauch bestreuen. Gut gekühlt servieren.

Aalsuppe

SOUPE D'ANGUILLE

Zutaten für vier Personen

800 g abgezogener Aal
100 ml weißer Weinessig
½ l Wasser
2 kleine Schalotten
1 Knoblauchzehe
2–3 Petersilienstiele
einige zerdrückte weiße
Pfefferkörner
50 g Karotten-, Sellerie-
und Lauchwürfel
700 ml Fischfond
(siehe Seite 22)
2 Eigelb
100 ml Crème double
2 EL fein geschnittene Kräuter
(Thymian, Salbei, Majoran)
Salz

Zubereiten

☆ Den Aal in mundgerechte Stücke schneiden und in eine tiefe Schüssel geben.

☆ Den Essig zusammen mit ½ Liter Wasser, den fein gewürfelten Schalotten, der zerdrückten Knoblauchzehe, den Petersilienstielen, etwas Salz und den zerdrückten Pfefferkörnern in einen Topf geben und zum Kochen bringen. Auf geringer Hitze etwa 10 Minuten kochen lassen. Anschließend die heiße Flüssigkeit durch ein Sieb über die Aalstücke gießen und eine Zeitlang ruhen lassen.

☆ Unterdessen die Karotten-, Sellerie- und Lauchwürfel in den kalten Fischfond geben, zum Kochen bringen und etwa 5 Minuten auf kleiner Flamme kochen lassen.

☆ Die Aalstücke aus dem Essigsud heben und in den Fischfond legen. Weitere 5 Minuten ziehen lassen, danach vom Herd nehmen.

☆ Das Eigelb mit der Crème double verquirlen und durch ein feines Sieb gießen. Nach und nach mit einem Holzlöffel in die Aalsuppe rühren, um sie zu binden. Nochmals kurz erhitzen, jedoch nicht kochen lassen, da sonst das Eigelb gerinnt.

☆ Die Aalsuppe abschmecken, die fein geschnittenen Kräuter einrühren und servieren.

Hinweis

Man kann das Rezept variieren, indem man Seeteufel statt Aal zu der Suppe verwendet.

Fischkraftbrühe mit Rosetten vom Wolfsbarsch

CONSOMMÉ DE POISSON AU FILET DE LOUP DE MER

Zutaten für vier Personen

1 l kalter Fischfond
(siehe Seite 22)
1 Eiweiß
100 g weißes Fischfilet
(Wittling oder Hecht)
50 g fein geschnittener Lauch
1 Knoblauchzehe
1 mittelgroße Tomate
1 Zweig Estragon
je 60 g Karotten- und
Rote-Bete-Streifen
120 g Wolfsbarschfilet
Salz, frisch gemahlener Pfeffer
etwas Koriandergrün
als Garnitur

Zubereiten

☆ Den Fischfond — er muß besonders kräftig sein — zuerst klären: Dazu wird das Eiweiß leicht geschlagen und mit dem fein gehackten Fischfilet verrührt. Den fein geschnittenen Lauch, den zerdrückten Knoblauch sowie die abgezogene und in kleine Würfel geschnittene Tomate in die Masse einrühren. Den Estragon zufügen und mit dem kalten Fischfond aufgießen. Unter ständigem Rühren zum Kochen bringen, vom Herd nehmen und eine Stunde ruhen lassen. Anschließend vorsichtig durch ein feines Passiertuch gießen und die geklärte Fischkraftbrühe mit Salz und frisch gemahlenem Pfeffer abschmecken.

☆ In der Zwischenzeit mit einem Fischausstecher aus den dünnen Karotten- und Rote-Bete-Streifen kleine Fischchen ausstechen und diese etwa 2 Minuten in etwas Salzwasser blanchieren.

☆ Das gehäutete Wolfsbarschfilet in hauchdünne, breite Streifen aufschneiden. Daraus 4 Rosetten drehen und diese leicht salzen. Je eine Rosette in die Mitte von vier Suppentellern plazieren. Mit der heißen Fischkraftbrühe aufgießen und mit den blanchierten Gemüsefischchen sowie mit etwas gezupftem Koriandergrün garnieren.

Hinweis

Durch das Klären mit Eiweiß verliert der Fond an Aroma, deshalb muß für eine klare Kraftbrühe ein besonders kräftiger Fond verwendet werden.

Cremesuppe von Taschenkrebsen

Zutaten für zehn Personen
2 Taschenkrebse von je etwa 500 g
4 EL Olivenöl
3 EL Cognac
2 kleine Schalotten
25 g Butter
100 g Lauchwürfel
100 g Karottenwürfel
100 g Selleriewürfel
1 kleine Knoblauchzehe
2 mittelgroße Tomaten
200 ml trockener Weißwein
1 l Fischfond (siehe Seite 22)
300 ml Sahne
1 EL fein geschnittener Estragon
100 ml geschlagene Sahne
Salz, frisch gemahlener Pfeffer

Zubereiten

☆ Die Taschenkrebse gründlich unter fließendem Wasser abbürsten und, falls sie lebend gekauft wurden, 2 Minuten in sprudelnd kochendem Wasser blanchieren, um sie abzutöten. Herausnehmen und in der Schale in kleine Stücke hacken und mit Salz und frisch gemahlenem Pfeffer würzen.

☆ Das Olivenöl in einer gußeisernen Pfanne erhitzen und darin die gewürzten Krebsstücke etwa 5 Minuten von allen Seiten ansautieren. Wenn sich die Schalen rot gefärbt haben, mit dem Cognac übergießen und flambieren. Auf reduzierter Hitze etwa 1 Minute sautieren. Danach die Stücke herausheben. Das Krebsfleisch aus den Schalen lösen und warm halten. (Die Schalen für Krebsbutter oder einen Krebsfond verwenden.)

☆ In derselben Pfanne die fein gewürfelten Schalotten etwa 3 Minuten in der Butter glasig schwitzen. Anschließend die Lauch-, Karotten- und Selleriewürfel sowie die durchgepreßte Knoblauchzehe einrühren und weitere 2−3 Minuten anschwitzen.

☆ Inzwischen die Tomaten brühen, kalt abschrecken, häuten, halbieren und die Kerne ausdrücken. Das Fruchtfleisch in kleine Würfel schneiden. Die Tomatenwürfel in das Würzgemüse rühren, den Weißwein sowie den Fischfond angießen und weitere 30 Minuten auf kleiner Flamme kochen lassen. Eventuell noch etwas Fischfond nachgießen.

☆ Anschließend die Sahne einrühren, den fein geschnittenen Estragon zufügen und weitere 5 Minuten ziehen lassen.

☆ Danach die Cremesuppe durch ein feines Sieb passieren und nochmals kurz erhitzen. Abseits vom Herd die geschlagene Sahne unterziehen und mit Salz und frisch gemahlenem Pfeffer abschmecken.

☆ Das ausgelöste Krebsfleisch auf zehn vorgewärmte Suppentassen verteilen, mit der Cremesuppe übergießen und auftragen.

Currysuppe von Flußkrebsen

Zutaten für vier Personen
25 g Speiseöl oder geklärte Butter
50 g Schalottenwürfel
50 g fein geschnittener
Staudensellerie
je ½ TL gemahlener Bockshornklee, Kurkuma und Kreuzkümmel
1 l Fischfond (siehe Seite 22)
½ Lorbeerblatt
½ Knoblauchzehe
220 g abgekochte Krebsschwänze
150 g Tomatenwürfel
4 Zweige Koriander
Salz, Cayennepfeffer

Zubereiten
☆ Das Öl oder die geklärte Butter in einer schweren Kasserolle erhitzen und darin die Schalottenwürfel sowie den fein geschnittenen Staudensellerie glasig dünsten. Das Currygewürz — Bockshornklee, Kurkuma und Kreuzkümmel — einrühren.

☆ Danach den Fischfond angießen und das halbe Lorbeerblatt sowie die fein zerkleinerte Knoblauchzehe zufügen. Zum Kochen bringen und auf kleiner Flamme kochen lassen, bis der Fond um ein Drittel einreduziert ist. Danach die gewürfelten Krebsschwänze in den Fond geben und etwa 2 Minuten erhitzen.

☆ Unmittelbar vor dem Anrichten die Tomatenwürfel und das gezupfte Koriandergrün vorsichtig in die Suppe rühren. Mit Salz und etwas Cayennepfeffer abschmecken und in Suppentassen servieren.

Hinweis
Als zusätzliche Garnitur kann man je 1 Eßlöffel Dilljoghurt in die Suppentassen geben. Dazu verrührt man einen Becher Sahnejoghurt mit etwas Salz und 2 Eßlöffeln fein geschnittenem Dill.

Suppe von Jakobsmuscheln mit Gemüsestreifen

SOUPE DE COQUILLES ST JACQUES

Zutaten für vier Personen
8 große Jakobsmuscheln in der Schale (etwa 250 g Nettogewicht)
20 g Karottenstreifen
30 g Lauchstreifen
30 g Staudenselleriestreifen
20 g Butter
250 ml Muschelfond (siehe Seite 22)
250 ml Fischfond (siehe Seite 22)
1 EL Noilly Prat
Salz, frisch gemahlener Pfeffer
1 EL fein geschnittener Schnittlauch als Garnitur

Zubereiten

☆ Die Jakobsmuscheln öffnen, indem man mit einem kurzen, kräftigen Messer zwischen den Schalen entlangfährt und den Schließmuskel durchtrennt. Danach die Muscheln einige Minuten auf eine Warmhalteplatte oder in eine heiße Pfanne setzen, bis sie sich ganz geöffnet haben.

☆ Mit einem Suppenlöffel das weiße Fleisch, die sogenannte Nuß, und das orangefarbene Corail auslösen. Den »Bart« und alle dunklen Teile entfernen. Die weiße Nuß vorsichtig von dem Corail lösen und beide gründlich abspülen, um Schalenreste zu entfernen. Mit Küchenpapier trockentupfen und mit Salz und frisch gemahlenem Pfeffer würzen.

☆ Die Karotten-, Lauch- und Staudenselleriestreifen in der Butter anschwitzen, ohne Farbe zu geben. Danach den Muschel- und den Fischfond zugießen, zum Kochen bringen und 2–3 Minuten ziehen lassen.

☆ Das Muschelfleisch und das Corail einlegen und über gelinder Hitze nur etwa 15 Sekunden ziehen lassen. Den Noilly Prat einrühren und mit Salz und frisch gemahlenem Pfeffer abschmecken.

☆ Die Suppe auf vier vorgewärmte Suppenteller verteilen, mit dem fein geschnittenen Schnittlauch bestreuen und sofort auftragen.

Hinweis
Jakobsmuscheln dürfen nur ganz kurz und über gelinder Hitze pochiert werden, damit sie nicht zäh werden.

Hummercremesuppe aus Neuengland

LOBSTER CHOWDER

Zutaten für vier Personen

1 Hummer von etwa 450 g oder
100 g frisch ausgelöstes
Hummerschwanz-
und -scherenfleisch
40 g Butter
3 EL Cognac
1 kleine Knoblauchzehe
450 g sehr reife Tomaten
250 ml Fischfond (siehe Seite 22)
1 Prise gemahlener Koriander
200 g Zuckermaiskörner
(aus der Dose)
200 ml Sahne
1 EL fein geschnittener Estragon
Salz, frisch gemahlener Pfeffer

Zubereiten

☆ Den Hummer mit eiskaltem Wasser überbrausen und schnell in einen großen Topf mit sprudelnd kochendem Wasser geben, um ihn abzutöten. Nach etwa 1 Minute herausheben und in mit Eiswürfeln versetztem Wasser abschrecken.

☆ Den abgekühlten Hummer halbieren und den Magensack aus dem Kopfteil sowie den dunklen Darmstrang entfernen. Die Hummerschwanzhälften abtrennen und quer in je 3 Teile schneiden. Die Scheren halbieren und mit einem schweren Messer aufschlagen. Die Beine vom Körper abtrennen.

☆ 30 Gramm Butter in einer großen Pfanne erhitzen und darin die Hummerstücke etwa 3−4 Minuten sautieren. Mit dem Cognac übergießen, flambieren, zudecken und die Hitze reduzieren. Etwa 1 Minute weiterkochen lassen, danach die Hummerstücke herausheben und abkühlen lassen. Anschließend das Fleisch auslösen und in kleine Würfel schneiden.

☆ Die Tomaten brühen, kalt abschrecken und häuten. Halbieren, die Kerne ausdrücken und das Fruchtfleisch in kleine Würfel schneiden.

☆ Die restliche Butter in die Pfanne geben, den fein zerschnittenen Knoblauch sowie die Tomatenwürfel einrühren und eine Minute sautieren. Mit etwas Fischfond ablöschen.

☆ Das gewürfelte Hummerfleisch, das Korianderpulver, den Zuckermais sowie die Sahne und den restlichen Fischfond einrühren.

☆ Auf gelinder Hitze eine Zeitlang ziehen lassen, damit sich die Aromen verbinden. Die fein zerschnittenen Estragonblätter einrühren, mit Salz und frisch gemahlenem Pfeffer abschmecken und sofort servieren.

Hinweis

Der Lobster Chowder ist eine Spezialität von der Ostküste der Vereinigten Staaten. Sein Name soll sich vom französischen »Chaudière« ableiten, das ist der Kessel, in dem dieses Gericht gekocht wurde.

Muschelsuppe

FISHERMAN'S CLAM CHOWDER

Zutaten für vier Personen
24 Venusmuscheln (Clams)
¾ l Fischfond (siehe Seite 22)
je 25 g Zwiebel-, Lauch-,
Karotten- und Selleriewürfel
1 Knoblauchzehe
20 g Butter
1 kleines Lorbeerblatt
25 g grüne Paprikawürfel
100 g klein gewürfelte Kartoffeln
100 g Tomatenwürfel
1 TL fein gehackter Thymian
1 TL fein geschnittene Petersilie
Salz, frisch gemahlener Pfeffer

Zubereiten
☆ Die Venusmuscheln unter fließendem Wasser abbürsten und abtropfen lassen. Anschließend in einen großen Topf geben, mit dem Fischfond aufgießen und zugedeckt bei mäßiger Hitze so lange dämpfen, bis sich die Muscheln geöffnet haben. Die Muscheln aus dem Fond heben und abkühlen lassen. Den Fond durch ein Passiertuch oder ein Haarsieb gießen und für die weitere Verwendung bereithalten.

☆ Das Muschelfleisch aus den Schalen lösen, dabei die Schließmuskelstränge und dunklen Bärte entfernen. Das Muschelfleisch in kleine Würfel schneiden.

☆ Die Zwiebel-, Lauch-, Karotten- und Selleriewürfel sowie den fein zerdrückten Knoblauch in der Butter andünsten, ohne zu bräunen. Danach das Lorbeerblatt, die Paprika- und Kartoffelwürfel einrühren und den restlichen Fischfond angießen. Etwa 7—8 Minuten bei geringer Hitze kochen lassen.

☆ Die Tomatenwürfel zufügen und eine weitere Minute kochen. Danach das Lorbeerblatt herausnehmen und die gewürfelten Muscheln sowie die fein geschnittenen Kräuter einrühren. Mit Salz und frisch gemahlenem Pfeffer abschmekken.

Hinweis
Dieses Gericht kann man ebensogut kalt
wie heiß servieren.

Austernsuppe mit Champagner

POTAGE AUX HUÎTRES ET AU CHAMPAGNE

Zutaten für vier Personen

16 Belon-Austern
1 kleine Schalotte
10 g Butter
800 ml Fischfond (siehe Seite 22)
600 ml Champagner
100 ml geschlagene Sahne
1 Eigelb
Salz, frisch gemahlener Pfeffer
1 EL fein geschnittener Dill
als Garnitur

Zubereiten

☆ Die Austern mit der gewölbten Seite nach unten halten, damit beim Öffnen keine Flüssigkeit ausläuft, und mit einem kurzen, kräftigen Austernmesser öffnen. Das Austernwasser durch ein feines Sieb abseihen und aufbewahren. Die Austern auslösen und die Sehne, die das Fleisch mit der Schale verbindet, wegschneiden.

☆ In einer Kasserolle die gewürfelte Schalotte in der Butter glasig dünsten. Den Fischfond, das Austernwasser und den Champagner angießen, zum Kochen bringen und auf die Hälfte einkochen lassen.

☆ Die Austern ganz kurz in der siedenden Flüssigkeit ansteifen, sofort wieder herausheben und warm halten.

☆ Die leicht geschlagene Schlagsahne mit dem Eigelb verquirlen und in den heißen Fond rühren. Erhitzen, aber nicht aufkochen lassen. Dabei mit dem Schnellmixstab schaumig aufschlagen. Die Suppe vom Feuer nehmen, die Austern wieder einlegen und mit Salz und frisch gemahlenem Pfeffer abschmecken.

☆ Je vier Austern auf vier vorgewärmte Suppenteller legen und mit der heißen Suppe übergießen. Mit etwas fein geschnittenem Dill garnieren und sofort auftragen.

Pot-au-feu von Meeresfischen

POT-AU-FEU DE POISSON

Zutaten für vier Personen

*600 g Filets verschiedener
Meeresfische (Steinbutt,
Wolfsbarsch, Rotbarbe), dazu
Kopf und Haut des Steinbutts
sowie die Köpfe der
anderen Fische
Salz, frisch gemahlener Pfeffer
8 große Miesmuscheln
25 g Butter
1 große Zwiebel
½ Stange Bleichsellerie
2—3 Petersilienstiele
1 Knoblauchzehe
¼ rote Chilischote
einige Safranfäden
4 kleine Karotten
2 kleine Lauchstangen
1 kleiner Zucchino
1 rote Paprikaschote
4 dünne Scheiben Stangenbrot*

Zubereiten

☆ Nur das Steinbuttfilet häuten und mit den übrigen Filets in gleichmäßige Streifen schneiden. Mit Salz und frisch gemahlenem Pfeffer würzen und ruhen lassen.

☆ Die Muscheln gründlich säubern und entbarten.

☆ Die Butter in einem hohen Topf schmelzen, die fein gewürfelte Zwiebel zufügen und schnell glasig dünsten.

☆ Die gründlich gewässerten und von den Kiemen befreiten Fischköpfe, die Gräten und die Haut des Steinbutts zufügen. Die halbe Stange Bleichsellerie, die Petersilienstiele und die zerdrückte Knoblauchzehe sowie ¼ fein geschnittene Chilischote einrühren. Mit 1 Liter Wasser aufgießen und eine Prise Salz zufügen. Aufkochen und auf kleiner Flamme etwa 10 Minuten sieden lassen. Danach durch ein Passiertuch oder ein feines Sieb in einen sauberen Topf abseihen.

☆ Den heißen Fond mit den Safranfäden, einer Prise Salz und etwas frisch gemahlenem Pfeffer abschmecken.

☆ Die geschälten Karotten, die geputzten Lauchstangen und den kleinen Zucchino in breite Streifen, die entkernte rote Paprikaschote in feine Streifen schneiden. Die Gemüsestreifen in den siedenden Fond einlegen und knackig garen. Danach mit einem Sieblöffel herausheben und warm halten.

☆ Anschließend die gesäuberten Muscheln in einer Schicht in einen Dämpfeinsatz legen und zugedeckt über dem siedenden Fond etwa 3 Minuten dämpfen, bis sie sich geöffnet haben. Herausnehmen, die Deckschalen abnehmen und die Muscheln in den unteren Schalen warm halten. Alle Muscheln, die sich nicht geöffnet haben, wegwerfen.

☆ Danach die gewürzten Filetstreifen in den Dämpfeinsatz geben — die nicht abgezogenen Filetstreifen mit der Hautseite nach unten legen —, zudecken und 1 Minute über Dampf garen.

☆ Unterdessen die dünnen Scheiben Stangenbrot goldbraun toasten.

☆ Anschließend die gegarten Fischstreifen, die Muscheln in der Schale sowie die Gemüsestreifen auf vier vorgewärmte Suppenteller verteilen. Mit der kräftig abgeschmeckten heißen Fischbrühe übergießen und servieren. Getoastetes Stangenbrot getrennt dazu reichen.

Fischsuppe mit Muscheln

SOUPE DE POISSON AUX MOULES

Zutaten für vier Personen

300 g abgezogener
Seeteufelschwanz
500 g Miesmuscheln
1 l Fischfond (siehe Seite 22)
2 kleine Schalotten
45 g Butter
200 g Bleichsellerie
1 Fenchelknolle
1 Fleischtomate
1 Lorbeerblatt
100 g entrindetes Toastbrot
1 EL Pernod
etwas fein geschnittenes
Fenchelgrün
Salz, frisch gemahlener Pfeffer

Zubereiten

☆ Den abgezogenen und entgräteten Seeteufelschwanz in kleine mundgerechte Würfel schneiden. Die Muscheln gründlich säubern und entbarten.

☆ In einem großen weiten Topf den Fischfond erhitzen und die Muscheln einlegen. Zudecken und etwa 3—4 Minuten ziehen lassen, bis sich die Muscheln geöffnet haben. Die Muscheln mit einem Sieblöffel herausheben und das Muschelfleisch auslösen und warm halten. — Muscheln, die geschlossen blieben, entfernen.

☆ Die fein gewürfelten Schalotten in etwa einem Drittel der Butter anschwitzen, den geputzten und in feine Scheibchen geschnittenen Bleichsellerie, die in dünne Streifen geschnittene Fenchelknolle sowie die abgezogene, entkernte und klein gewürfelte Fleischtomate einrühren. Das Lorbeerblatt zufügen und das Gemüse weitere 2—3 Minuten dünsten.

☆ Den Fischfond durch ein Passiertuch oder Haarsieb seihen, um etwaige Sandkörner und Muschelschalenstücke zu entfernen, und über die Gemüsestreifen gießen. Zugedeckt etwa 6—7 Minuten auf kleiner Flamme kochen lassen. Anschließend mit Salz und frisch gemahlenem Pfeffer abschmecken.

☆ Die mit Salz und Pfeffer gewürzten Fischwürfel in den siedenden Fond geben und aufgedeckt etwa 2 Minuten ziehen lassen.

☆ Unterdessen die Brotwürfel aus entrindetem Toastbrot in der restlichen Butter goldbraun rösten.

☆ Kurz vor dem Anrichten den Pernod, das Muschelfleisch sowie das fein geschnittene Fenchelgrün, dessen Aroma vom Pernod verstärkt wird, in die Suppe geben. Nochmals abschmekken. In einer Terrine auftragen und die gerösteten Brotwürfel getrennt dazu reichen.

Bouillabaisse

Zutaten für vier Personen
150 g Wolfsbarschfilet
150 g Drachenkopffilet (Rascasse)
150 g Rotbarbenfilet
150 g Seeteufel
Salz, frisch gemahlener Pfeffer
Saft von ½ Zitrone
4 Langustinenschwänze
2 kleine Tintenfische
von je etwa 50 g
4 Miesmuscheln
8 Jakobsmuscheln in der Schale
100 g fein gewürfelte Schalotte
je 50 g Karotten- und weiße
Lauchstreifen
100 g Fenchelstreifen
50 ml Olivenöl
2 Knoblauchzehen
einige Safranfäden
4 mittelgroße Tomaten
200 ml trockener Weißwein
400 ml Fischfond
(siehe Seite 22)
1 EL Pernod
1 EL fein geschnittenes
Fenchelgrün

Für den Muschelfond
1 kleine Schalotte
100 ml trockener Weißwein
einige Petersilienstiele

Zubereiten

☆ Die Fischfilets müssen geschuppt, aber nicht gehäutet sein. Sie werden sorgfältig nach noch vorhandenen Gräten abgesucht. Den Seeteufelschwanz abziehen und die Mittelgräte auslösen. Nach Arten getrennt, da die Garzeiten unterschiedlich sind, in mundgerechte Stücke schneiden. Mit Salz und frisch gemahlenem Pfeffer würzen und mit Zitronensaft beträufeln.

☆ Die Langustinenschwänze aus den Schalen brechen, aber die dekorativen Schwanzflossen nicht entfernen. Ebenfalls mit Salz, frisch gemahlenem Pfeffer sowie Zitronensaft würzen.

☆ Die beiden Tintenfische putzen: An den Fangarmen das Kopfteil aus dem Körperbeutel ziehen. Die Eingeweide und die hornartigen Stützblätter entfernen. Die Fangarme vom Kopfteil trennen, den Körperbeutel in Ringe schneiden. Fangarme und Tintenfischringe waschen, abtropfen lassen und mit Salz, frisch gemahlenem Pfeffer sowie etwas Zitronensaft würzen.

☆ Für den Muschelfond die fein gewürfelte Schalotte zusammen mit dem Weißwein und den Petersilienstielen in eine Kasserolle geben. Die gesäuberten und entbarteten Muscheln einlegen und zugedeckt etwa 3—4 Minuten über mäßiger Hitze ziehen lassen. Die Muscheln, die sich dabei nicht geöffnet haben, wegwerfen. Die übrigen in den Schalen warm halten. Den Muschelfond durch ein Passiertuch in einen sauberen Topf seihen, schnell auf die Hälfte einkochen und zur Weiterverwendung bereithalten.

☆ Unterdessen mit einem kurzen kräftigen Messer zwischen den Schalen der Jakobsmuscheln entlangfahren, sie anschließend in eine heiße Pfanne setzen, damit sie sich ganz öffnen. Mit einem Eßlöffel die weiße Nuß und das orangefarbene Corail auslösen und voneinander trennen. Gründlich abspülen, trockentupfen und mit Salz und frisch gemahlenem Pfeffer würzen.

☆ In einer weiten Kasserolle die fein gewürfelte Zwiebel, die Lauch-, Fenchel- und Karottenstreifen im Olivenöl etwa 4—5 Minuten unter ständigem Rühren anschwitzen.

☆ Die zerdrückten Knoblauchzehen, die Safranfäden sowie die abgezogenen und gewürfelten Tomaten einrühren und 3—5 Minuten dünsten.

☆ Den Weißwein, den Fischfond und den reduzierten Muschelfond angießen und zum Kochen bringen. Die Hitze reduzieren und danach die Stücke vom Seeteufel und Drachenkopf sowie die Tintenfische einlegen und etwa eine Minute pochieren. Anschließend den restlichen Fisch, die Langustinen-schwänze, die Jakobsmuscheln und ihr Corail zufügen.

☆ Mit Pernod, Salz und frisch gemahlenem Pfeffer abschmek-ken und das fein geschnittene Fenchelgrün einstreuen.

☆ Die Bouillabaisse auf vier vorgewärmte Suppenteller vertei-len und sofort servieren. Nach Belieben geröstetes und mit Knoblauchbutter bestrichenes Stangenweißbrot dazu reichen.

Rendezvous der Meeresfrüchte

RENDEZ-VOUS DE FRUITS DE MER À LA CRÈME DE BASILIC

Zutaten für vier Personen

4 große Jakobsmuscheln in der
Schale (etwa 120 g Nettogewicht)
4 Austern
8 Langustinenschwänze
je 150 g Lachs- und
Steinbuttfilet
je 20 g Karotten-, Lauch- und
Selleriestreifen
20 g Butter
3 EL Noilly Prat
100 ml trockener Weißwein
200 ml Fischfond (siehe Seite 22)
250 ml Sahne
12 Basilikumblätter
50 ml Champagner
Salz, frisch gemahlener Pfeffer

Zubereiten

☆ Die Jakobsmuscheln aus den Schalen lösen. Die weiße Nuß und das orangefarbene Corail voneinander lösen. Beides gründlich abspülen und trockentupfen. Die Nüsse in je 2 Schei-ben schneiden.

☆ Die Austern öffnen und das Austernwasser durch ein feines Sieb abseihen. Das Austernfleisch auslösen und den zähen Schließmuskel wegschneiden. Die ausgelösten Austern in das Austernwasser legen.

☆ Die Langustinenschwänze aus der Schale brechen, abspülen und trockentupfen.

☆ Das Lachs- und das Steinbuttfilet in Streifen von je etwa 15 Gramm schneiden. Die Fischstreifen und Meeresfrüchte mit Salz und frisch gemahlenem Pfeffer würzen.

☆ Die Gemüsestreifen in der Butter anschwitzen. Den Noilly Prat sowie den Weißwein angießen und zum Kochen bringen.

☆ Den Fischfond zufügen und die Flüssigkeit auf ein Drittel reduzieren. Danach die Sahne einrühren und zur sämigen Sauce einkochen.

☆ Die gewürzten Fischstreifen und Meeresfrüchte in die Sauce einlegen und darin etwa 2 Minuten pochieren.

☆ Die gewaschenen und trockengetupften Basilikumblätter in feine Streifen schneiden und mit dem Champagner in die Sauce rühren. Nochmals abschmecken und sofort servieren.

Fischsuppe mit zartem Gemüse

POT-AU-FEU DE POISSON

Zutaten für vier Personen

120 g Wolfsbarschfilet
80 g Lachsfilet
80 g Rotbarbenfilet
80 g Steinbuttfilet
60 g Seezungenfilet
12 junge Karotten mit Stielansatz
8 kleine Pastinaken
(ersatzweise weiße Rübchen)
12 Kirschtomaten
400 ml Fischconsommé
(siehe Seite 40)
einige Safranfäden
Salz, frisch gemahlener Pfeffer

Zubereiten

☆ Das Filet von Wolfsbarsch, Lachs und Rotbarbe wird ungehäutet, aber sorgfältig entgrätet in kleine Würfel geschnitten. Das Steinbut- und Seezungenfilet wird abgezogen und gewürfelt. Die Fischwürfel mit Salz und frisch gemahlenem Pfeffer würzen.

☆ Die Blattstielansätze der jungen Karotten sowie der kleinen Pastinaken auf etwa 5 Zentimeter kürzen. Die Kirschtomaten kurz brühen, kalt abschrecken und ihre Haut abziehen. Über Dampf vorsichtig weich garen und mit Salz und frisch gemahlenem Pfeffer würzen.

☆ Die Fischconsommé erhitzen und mit einigen Safranfäden würzen.

☆ Die Fischwürfel in einem Dämpfeinsatz über der heißen Consommé etwa 1–2 Minuten dämpfen.

☆ Die zarten Gemüse sowie die Fischwürfel in vier vorgewärmte Suppenteller verteilen und mit der heißen Consommé übergießen. Sofort servieren.

Vorspeisen und Zwischengerichte

Salat von Taschenkrebsen auf meine Art

SALADE DE CRABE À MA FAÇON

Zutaten für vier Personen

250 g weißes Krebsfleisch
1 kleine Schalotte
1 Tomate
1 Stange Bleichsellerie
50 g Prinzeßbohnen
25 g frische Kokosnußraspeln
Saft von ½ Zitrone
1 Pampelmuse
1 Orange
Salz, frisch gemahlener Pfeffer
gezupfter Kerbel als Garnitur

Zubereiten

☆ Das Krebsfleisch mit einer Gabel auseinanderzupfen.

☆ Die Schalotte in feine Würfel schneiden. Die Tomate brühen, kalt abschrecken, schälen und ebenso wie die Selleriestange in feine Streifen schneiden.

☆ Die Prinzeßbohnen putzen und in etwa 5 Zentimeter lange Abschnitte teilen. In Salzwasser knackig kochen, kalt abschrekken und abtropfen lassen.

☆ Das Krebsfleisch mit den Schalottenwürfeln, den Tomaten- und Selleriestreifen, den Prinzeßbohnen sowie den frischen Kokosnußraspeln vermischen.

☆ Die Pampelmuse und die Orange sorgfältig schälen und filetieren. Dabei über einem Teller arbeiten und den Saft auffangen.

☆ Den Zitronensaft mit dem aufgefangenen Saft verrühren und über die Gemüse- und Krebsfleischmischung geben. Mit Salz und frisch gemahlenem Pfeffer abschmecken.

☆ Die Pampelmusen- und Orangensegmente auf vier Teller verteilen und das mit den Gemüsestreifen vermischte Krebsfleisch darauf plazieren. Mit gezupftem Kerbel garnieren und gut gekühlt servieren.

Hummersalat mit grünem Spargel auf Portweinmayonnaise

SALADE DE HOMARD ET ASPERGES AU PORTO

Zutaten für vier Personen
1 Hummer von etwa 600–800 g
20 grüne Spargelspitzen
einige Blätter Eichblatt-
und Friséesalat, Radicchio
und Brunnenkresse
einige Zweige Estragon
Salz, frisch gemahlener Pfeffer

Für die Portweinmayonnaise
100 ml Rotwein
100 ml roter Portwein
1 kleine Schalotte
1 Eigelb
100 ml feines Speiseöl

Für die Vinaigrette
1 EL Rotweinessig
4 EL Walnußöl

Zubereiten

☆ Den Hummer eiskalt überbrausen und sofort in sprudelnd kochendes Wasser geben. Vom Feuer nehmen und noch weitere 10 Minuten im heißen Sud lassen. Den Hummer herausnehmen und abkühlen lassen. Etwas heißen Sud für die Mayonnaise zurückbehalten.

☆ Die grünen Spargelspitzen auf etwa 7 cm Länge zurechtschneiden und in Salzwasser knackig kochen. Herausheben, eiskalt abschrecken und abtropfen lassen.

☆ Für die Portweinmayonnaise den Rotwein mit dem Portwein und der fein gewürfelten Schalotte zum Kochen bringen. Auf etwa einen Eßlöffel reduzieren und abkühlen lassen. Anschließend das Eigelb mit der abgekühlten Mischung verrühren und schaumig schlagen. Danach, zuerst tropfenweise, das Öl einschlagen. Mit Salz und frisch gemahlenem Pfeffer abschmecken und eventuell mit etwas Hummersud verdünnen.

☆ Das Hummerfleisch aus der Schale brechen und den Magensack aus dem Kopfteil sowie den dunklen Darmstrang entfernen. Den Hummerschwanz in Medaillons schneiden und die Scheren halbieren. Mit etwas Salz und frisch gemahlenem Pfeffer würzen.

☆ Danach das Hummerfleisch mit etwas Vinaigrette, die man aus dem Rotweinessig und dem Walnußöl gerührt und mit Salz und Pfeffer abgeschmeckt hat, überziehen und mit fein geschnittenem Estragon bestreuen.

☆ In der restlichen Vinaigrette die Spargelspitzen und die gewaschenen und trockengeschleuderten Salatblätter wenden.

☆ Auf vier gut gekühlte Teller je einen Löffel der Mayonnaise geben. Darauf die Salatblätter verteilen und mit den Spargelspitzen und Hummerstücken belegen.

Salatkomposition mit Goldbrassenfilet und weißer Buttersauce

Zutaten für vier Personen
4 Goldbrassenfilets (Dorade)
von je 100 g
Saft von ½ Zitrone
1 EL Olivenöl
einige Salatblätter (Eichblatt,
Frisée, Radicchio)
½ Bund Wasserkresse
4 Kirschtomaten
Salz, frisch gemahlener Pfeffer

Für die Vinaigrette
90 ml Olivenöl
2 EL Weißweinessig

Für die Sauce
100 ml trockener Weißwein
1 kleine Schalotte
80 g kalte Butter

Zubereiten

☆ Für die Sauce den Weißwein zusammen mit der fein gewürfelten Schalotte in einen kleinen Topf geben und schnell auf die Hälfte einkochen lassen. Abseits vom Feuer nach und nach die eiskalte Butter in kleinen Flocken einschlagen. Mit Salz und frisch gemahlenem Pfeffer abschmecken und warm halten.

☆ Die Fischfilets mit etwas Zitronensaft beträufeln und mit Salz und frisch gemahlenem Pfeffer würzen. In dem heißen Olivenöl von jeder Seite 1 Minute anbraten, jedoch keine Farbe geben.

☆ Inzwischen die Salatblätter und die Wasserkresse waschen, trockenschleudern und in mundgerechte Stücke zerpflücken.

☆ Für die Vinaigrette das Olivenöl mit dem Weißweinessig verquirlen und mit Salz und frisch gemahlenem Pfeffer abschmecken. Die Salatblätter in der Vinaigrette wenden und auf vier Teller verteilen.

☆ Je ein Goldbrassenfilet darüber plazieren und mit etwas Buttersauce überziehen. Mit je einer Kirschtomate garnieren und auftragen.

Fischterrine im Spargelmantel

TERRINE DE POISSON AUX ASPERGES BLANCHES

Zutaten für zehn Personen

300 g Hechtfilet
250 ml Crème double
400 g dünner weißer Spargel
50 ml Noilly Prat
20 g Hummercorail
15 g Trüffelstreifen
(falls vorhanden)
2 EL fein geschnittene
Blattpetersilie
100 g frische oder
10 g getrocknete Morcheln
60 g Bücklingspâté-Masse
(siehe Seite 74)
Salz, frisch gemahlener
weißer Pfeffer
etwas Schnittlauch als Garnitur

Zubereiten

☆ Das enthäutete Hechtfilet sorgfältig nach eventuell noch vorhandenen Gräten absuchen. Anschließend in Würfel schneiden und mit Salz und frisch gemahlenem weißen Pfeffer würzen. Die Hechtwürfel und die Crème double im Tiefkühler knapp 10 Minuten durchkühlen.

☆ Inzwischen den Spargel — möglichst gleichmäßige dünne Stangen — schälen und in kochendem Salzwasser kurz blanchieren und abtropfen lassen.

☆ Anschließend die gut gekühlten Hechtwürfel zusammen mit der Crème double und dem ebenfalls gekühlten Noilly Prat im Mixer zu einer geschmeidigen Farce mixen.

☆ Die Farce anschließend durch ein Sieb streichen, das Hummercorail, die Trüffelstreifen — falls vorhanden — sowie die fein geschnittene Petersilie unterziehen und die Masse abschmecken.

☆ Die Morcheln gründlich waschen, abtropfen lassen und die Stiele abdrehen. Getrocknete Morcheln vorher etwa 20 Minuten in lauwarmem Wasser einweichen. Die Morcheln mit der Bücklingspâté-Masse füllen.

☆ Eine Terrine von 1½ Liter Fassungsvermögen gut ausbuttern. Mit etwa zwei Drittel der blanchierten Spargelstangen auslegen und diese dabei an den Terrinenwänden hochziehen. Die Hälfte der Fischfarce einfüllen und die Morcheln als Mittelstrang einlegen. Die restliche Farce darüberstreichen und mit den übrigen Spargelstangen bedecken.

☆ Die Terrine mit Alufolie verschließen und im 150° C heißen Ofen im Wasserbad etwa 35 bis 40 Minuten pochieren.

☆ Aus dem Ofen nehmen und leicht beschwert abkühlen lassen. Die Terrine mit einem Elektromesser aufschneiden, um möglichst glatte Scheiben zu erhalten. Je eine Scheibe auf einen Teller plazieren und mit Schnittlauch garniert servieren.

Hinweis

Dazu kann eine kalte Kräutersauce (siehe Seite 28) serviert werden. Gegen Ende der Pochierzeit sollte eine Garprobe gemacht werden: Mit einer langen Metallnadel in die Mitte der Terrine stechen — erwärmt sich die Nadel innerhalb von 10 Sekunden, ist der Garpunkt erreicht.

Fischterrine mit Jakobsmuscheln

TERRINE DE POISSON AUX COQUILLES ST JACQUES

Zutaten für zehn Personen
400 g Hechtfilet
190 g Jakobsmuscheln
(nur die Nuß)
50 ml Olivenöl
100 ml trockener weißer Wermut
400 ml Crème double
100 g frische oder
10 g getrocknete Morcheln
250 g entstielte Spinatblätter
Muskatnuß, Salz,
frisch gemahlener weißer Pfeffer

Zubereiten

☆ Das Hechtfilet grob würfeln, mit Salz und frisch gemahlenem weißen Pfeffer würzen und gut durchkühlen.

☆ Die Jakobsmuscheln — nur die weißen Nüsse werden verwendet — abspülen, trockentupfen und in kleine Würfel schneiden. Mit Salz und frisch gemahlenem weißem Pfeffer würzen, mit dem Olivenöl übergießen und gut durchkühlen.

☆ Das gewürfelte Hechtfilet mit einigen Eiswürfeln in der Küchenmaschine zu einer glatten Masse verarbeiten. Den sehr kalten Wermut und die Hälfte der Crème double einlaufen lassen und zu einer geschmeidigen Farce mixen. Mit geriebener Muskatnuß, etwas Salz und frisch gemahlenem weißem Pfeffer abschmecken. Nochmals gut durcharbeiten.

☆ Anschließend durch ein feines Sieb in eine Schüssel streichen und diese auf Eiswürfel setzen, um die Masse so kalt wie möglich zu halten. Mit einem Holzlöffel die restliche Crème double einarbeiten. Anschließend nochmals gut durchkühlen.

☆ Eine Deckelterrine von 1½ Liter Fassungsvermögen ausölen und mit Frischhaltefolie auslegen. Dabei so viel Folie zugeben, so daß man sie anschließend über die eingefüllte Farce klappen kann. Die ausgelegte Form mit kaltem Wasser ausspülen.

☆ Die Morcheln gründlich waschen und abtropfen lassen. Die getrockneten Morcheln einige Zeit in lauwarmem Wasser einweichen. Anschließend in kleine Würfel schneiden und mit etwa einem Zehntel der Hechtfarce vermischen. Die gewürfelten Jakobsmuscheln unterziehen.

☆ Die entstielten Spinatblätter blanchieren. So auf einem Tuch zu einem Rechteck auslegen, daß sie sich überlappen. Die Jakobsmuschelfarce als Strang in die Mitte plazieren und in die Spinatblätter wickeln. Es soll eine etwa 3 cm dicke Rolle in Terrinenlänge ergeben.

☆ Die Hälfte der Hechtfarce in die Terrine füllen. Die Terrine vorsichtig auf die Arbeitsfläche aufstoßen, damit sich in der Farce keine Blasen bilden. Die Spinatrolle einlegen und mit der restlichen Hechtfarce bedecken.

☆ Mit der Frischhaltefolie verschließen, den Terrinendeckel auflegen und im 140° C heißen Ofen etwa 50 Minuten im Wasserbad pochieren.

☆ Die Terrine etwa 10 Minuten abstehen lassen, bevor man sie aus der Form löst und die Frischhaltefolie entfernt.

Krebsfleisch im Förmchen

POTTED CRAB

Zutaten für vier Personen
300 g weißes Krebsfleisch
1 Limette
2 TL Cognac
1 Prise Paprika
100 g weiche Butter
50 g Mayonnaise
25 g Keta-Kaviar
Salz, Cayennepfeffer
8 abgekochte Spargelspitzen
als Garnitur

Zubereiten

☆ Die Limette heiß abwaschen, trockenreiben und mit einem Zestenreißer dünne Streifen aus der Schale schneiden, die als Garnitur verwendet werden. Die Streifen kurz blanchieren und abtropfen lassen.

☆ Das Krebsfleisch zerpflücken und mit dem Saft der Limette sowie etwas Salz würzen.

☆ Den Cognac — am besten in einem kleinen Butterförmchen — leicht erwärmen und das Paprikapulver einrühren.

☆ Die weiche Butter schaumig rühren und mit der Mayonnaise vermischen. Die Cognac-Paprika-Mischung durch ein Sieb dazugießen. Danach das Krebsfleisch unterheben und mit einer Prise Cayennepfeffer abschmecken. Zuletzt den Keta-Kaviar zufügen.

☆ Die Mischung in vier kleine Souffléförmchen füllen und zugedeckt bei Zimmertemperatur etwa 10 Minuten durchziehen lassen.

☆ Vor dem Servieren jedes der Förmchen mit zwei Spargelspitzen und etwas blanchierter Limettenschale garnieren. Frischen Toast dazu reichen.

Mousse von Räucherschellfisch

MOUSSE D'AIGLEFIN FUMÉ

Zutaten für vier Personen

400 g geräucherter Schellfisch
je 50 g Karotten-, Zwiebel-
und Bleichselleriewürfel
1 Lorbeerblatt
einige Petersilienstiele
einige weiße Pfefferkörner
3 Blatt Gelatine
Saft von ½ Zitrone
250 ml Crème double
1 EL roter deutscher Kaviar
Salz, Cayennepfeffer,
frisch gemahlener Pfeffer
2 EL saure Sahne,
einige Prinzeßbohnen,
einige Dicke-Bohnen-Kerne
und einige Kerbelblättchen
als Garnitur

Zubereiten

☆ Den geräucherten Schellfisch enthäuten und sorgfältig nach eventuell noch vorhandenen Gräten absuchen.

☆ Etwa ½ Liter Wasser in einen Topf geben und die Gemüsewürfel sowie das Lorbeerblatt, die Petersilienstiele und die weißen Pfefferkörner zufügen. Zum Kochen bringen und 10 Minuten über reduzierter Hitze kochen lassen.

☆ Anschließend den Räucherschellfisch einlegen und etwa 7 Minuten pochieren. Herausheben und in kleine Stücke zerpflücken.

☆ Unterdessen die Pochierflüssigkeit auf etwa ¼ Liter einkochen lassen. Die in kaltem Wasser eingeweichte und gut ausgedrückte Gelatine darin auflösen und die Flüssigkeit durch ein Sieb gießen.

☆ Die abgeseihte Pochierflüssigkeit mit dem zerpflückten Fisch im Mixer zu einer glatten Masse verarbeiten. Mit frisch gemahlenem Pfeffer, einer Prise Cayennepfeffer und dem Zitronensaft abschmecken, eventuell noch etwas Salz zufügen.

☆ Die Crème double leicht schlagen, 2 Eßlöffel davon abnehmen. Den Rest unter die Schellfischmasse ziehen und nochmals abschmecken. In vier kleine Souffléförmchen oder, falls man Klößchen wie auf dem Foto abstechen möchte, in eine Schale füllen. Im Kühlschrank in etwa 30 Minuten fest werden lassen.

☆ Vor dem Servieren die Oberfläche der Mousse mit der geschlagenen Crème double bestreichen und mit dem roten Kaviar bestreuen. Die Mousse in den Souffléförmchen servieren — oder aber mit einem in heißes Wasser getauchten Löffel Klößchen abstechen, auf vier Teller verteilen und mit einigen knackig gegarten Prinzeßböhnchen und abgezogenen dicken Bohnen sowie etwas gezupftem Kerbel garnieren.

Soufflé von Räucherschellfisch

SOUFFLÉ D'AIGLEFIN FUMÉ

Zutaten für vier Personen

200 g Räucherschellfisch
300 ml Milch
40 g Butter
40 g Mehl
40 g frisch geriebener
Parmesankäse
4 Eier
frisch gemahlener Pfeffer

Zubereiten

☆ Den Räucherschellfisch enthäuten, sorgfältig nach vorhandenen Gräten absuchen und in Streifen schneiden. Mit frisch gemahlenem Pfeffer würzen, in einen Topf geben und mit der Milch und eventuell etwas kaltem Wasser bedecken. Zum Kochen bringen und zugedeckt 5 Minuten über reduzierter Hitze ziehen lassen.

☆ Den pochierten Fisch herausheben und fein zerkleinern.

☆ Den Pochierfond durchseihen, 190 ml abnehmen und abkühlen lassen.

☆ Die Butter in einem Topf schmelzen, das Mehl einrühren und 1 Minute anschwitzen. Danach den abgekühlten Pochierfond einrühren, aufkochen lassen und weitere 3 Minuten über reduzierter Hitze kochen.

☆ Anschließend den fein zerkleinerten Fisch sowie den geriebenen Parmesankäse einrühren. Vom Feuer nehmen und leicht abkühlen lassen.

☆ Die Eier trennen und nacheinander die 4 Eigelb in die leicht abgekühlte Masse rühren. Nochmals abschmecken.

☆ Die 4 Eiweiß steif schlagen und vorsichtig unterheben.

☆ Danach die Masse in vier Souffléförmchen füllen und im 200° C heißen Ofen etwa 10 – 12 Minuten backen und sofort servieren.

Hinweis

Man kann das Soufflé auch in einer großen Form backen, dann erhöht sich jedoch die Backzeit auf 20 Minuten.

Mousse von Räucheraal mit Sherry auf Pommery-Senfcreme

Zutaten für vier Personen
200 g Räucheraalfilet
3 Blatt Gelatine
100 ml Fischfond (siehe Seite 22)
100 ml Crème double
1 TL trockener Sherry
Salz, Cayennepfeffer

Für die Pommery-Senfcreme
1 TL Sherry-Essig
2 TL Pommery-Senf
125 ml Sahne
1 EL fein geschnittener Schnittlauch
2 Tomaten und etwas gezupfter Kerbel als Garnitur

Zubereiten

☆ Den Räucheraal enthäuten und die Gräten entfernen.

☆ Die Gelatine in kaltem Wasser einweichen, gut ausdrücken und in den Fischfond geben. Diesen leicht erhitzen, bis sich die Gelatine aufgelöst hat. Zusammen mit dem Räucheraal in den Mixer geben und zu einer glatten Masse verarbeiten.

☆ Anschließend in eine Metallschüssel füllen und auf Eiswürfel setzen, damit die Masse schnell abkühlt. Die Crème double mit einem Holzlöffel einarbeiten und die Mousse mit Sherry, Salz und einer Prise Cayennepfeffer abschmecken.

☆ Danach die Schale mit Frischhaltefolie verschließen. In den Kühlschrank stellen, bis die Mousse fest geworden ist.

☆ Für die Cremesauce den Sherry-Essig mit dem Pommery-Senf verquirlen und die Sahne einrühren. Den fein geschnittenen Schnittlauch unterheben und die Sauce abschmecken.

☆ Für die Garnitur die Tomaten brühen, kalt abschrecken und abziehen. In Achtel schneiden und die Kerne entfernen.

☆ Auf vier Mittelteller einen Saucenspiegel gießen. Darauf Klößchen setzen, die mit einem in heißes Wasser getauchten Eßlöffel vom Räucheraalmousse abgestochen werden. Mit Tomatenachteln und gezupftem Kerbel garnieren.

Bücklingspâté

Zutaten für zehn Personen
250 g Hecht- oder Zanderfilet
250 g zerpflücktes
Bücklingsfilet
2 EL Noilly Prat
250 ml Crème double
100 g Bücklingsfilet im ganzen
einige große Spinatblätter
Salz, frisch gemahlener Pfeffer
20 g weiche Butter
zum Ausstreichen der Terrine

Zubereiten

☆ Das sorgfältig entgrätete Hecht- oder Zanderfilet durch die feine Scheibe des Fleischwolfs treiben oder im Universalzerkleinerer zerkleinern und gut durchkühlen. Mit dem zerpflückten Bücklingsfilet ebenso verfahren. Anschließend das Zander- und Bücklingsfilet in einer Metallschüssel vermischen und auf Eiswürfel setzen.

☆ Mit einem Holzlöffel — Holz emulgiert — nach und nach den eiskalten Noilly Prat und die gut gekühlte Crème double einarbeiten. Die Mousse mit Salz und frisch gemahlenem Pfeffer abschmecken.

☆ Das unzerteilte Bücklingsfilet in die mit etwas Mousse bestrichenen Spinatblätter wickeln.

☆ Eine Terrine von 1½ Litern Fassungsvermögen mit weicher Butter ausstreichen und die Hälfte der Mousse einfüllen. Das in Spinatblätter gewickelte Bücklingsfilet als Mittelstrang einlegen und die restliche Mousse darüberstreichen. Die Terrine mit Alufolie fest verschließen.

☆ Im 150° C heißen Ofen etwa 1¾ Stunden im Wasserbad pochieren.

☆ Herausnehmen und leicht beschwert abkühlen lassen.

☆ Für einen festlichen Anlaß kann man Scheiben der Bücklingspâté auf einen Spiegel aus Fischaspik setzen und diesen mit gezupften Kerbelblättchen und Tomatenröschen auf Stielen aus blanchierter Gurkenschale garnieren. Eine Senf-Mayonnaise oder eine Meerrettich-Sauce getrennt dazu reichen.

Hinweis

Gewöhnlich werden Fischfarcen mit Eiweiß gebunden. Sie werden allerdings dadurch etwas trocken. Um ein zart schmelzendes Fischmousse zu erhalten, sollte man die Masse nur mit Sahne oder Crème double aufarbeiten, zumal das Fischeiweiß allein genügend bindet.

Gegrillte Riesengarnelen mit Pistazien auf Miso- und Senfsauce

CREVETTES GRILLÉES AUX PISTACHES À LA MISO ET MOUTARDE

Zutaten für vier Personen
8 rohe Riesengarnelenschwänze
2 EL Sesamöl

Für die Miso- und Senfsauce
2 Eigelb
2 EL ungesüßte helle Misopaste
1 TL Reisweinessig
1 EL trockener Weißwein
1 TL mittelscharfer Senf
1 Spritzer helle Sojasauce
50 g geklärte flüssige Butter
Salz, frisch gemahlener Pfeffer
25 g fein gehackte Pistazien
als Garnitur

Zubereiten

☆ Die Garnelenschwänze aus den Schalen brechen, jedoch den letzten Panzerring mit den dekorativen Schwanzflossen nicht entfernen. Die Schwänze an der Unterseite aufschneiden und den dunklen Darmstrang entfernen. Die Schwänze abspülen, trockentupfen und flach auseinanderbreiten. Am oberen Ende längs einen Einschnitt machen, die Schwänze aufrollen und die Schwanzflosse durch den Einschnitt fädeln. Mit dem Sesamöl bestreichen und mit Salz und Pfeffer würzen. Kühl gestellt durchziehen lassen.

☆ Für die Sauce alle Zutaten bis auf die geklärte flüssige Butter im Wasserbad zu einer sämigen Sauce aufschlagen. Herausnehmen und leicht abkühlen lassen. Anschließend die flüssige Butter langsam einschlagen. Mit Salz und frisch gemahlenem Pfeffer abschmecken und warm halten.

☆ Die Garnelenschwänze je nach Größe etwa 3−5 Minuten grillen, dabei einmal wenden.

☆ Auf vier vorgewärmte Teller mit der Sauce einen Spiegel gießen und darauf die gegrillten Garnelen verteilen. Mit den gehackten Pistazien bestreuen und servieren.

Hinweis
Miso ist eine fermentierte Sojabohnenpaste, die in der ostasiatischen Küche, besonders in der japanischen, als Gewürz sehr geschätzt wird.
Es gibt viele verschiedene Sorten, und alle sind reich an Aroma und Nährstoffen.
Sie sind in Spezialitätengeschäften erhältlich.

Seehechtspieße vom Rost mit rosa Grapefruit

Zutaten für vier Personen
675 g Seehechtfilet
3 rosa Grapefruit
4 TL Erdnußöl
1 Fenchelknolle
1 große Zwiebel
4 mittelgroße Tomaten

Für die Marinade
1 zerdrückte Knoblauchzehe
250 ml Tomatensaft
je 1 Schuß Sherry und Sojasauce
Saft von 1 Zitrone
Salz

Für die Sauce
100 g Joghurt
1 Schuß Angostura
je 1 EL fein geschnittener Dill
und Schnittlauch
Salz, frisch gemahlener Pfeffer

Zubereiten

☆ Für die Marinade werden alle Zutaten miteinander verquirlt. Anschließend über das abgezogene und sorgfältig entgrätete Seehechtfilet gießen und etwa 4 Stunden kühl stellen. Den Fisch mehrmals in der Marinade wenden.

☆ Danach das Fischfilet herausnehmen und mit Küchenpapier trockentupfen. Das Filet in 2½ cm große Würfel schneiden.

☆ Die Fischwürfel abwechselnd mit den vorher ausgelösten Grapefruitsegmenten auf Metallspieße stecken und mit etwas Erdnußöl bestreichen.

☆ Die geputzte Fenchelknolle ebenso wie die Zwiebel halbieren, zerpflücken und in 1½ cm große Stücke schneiden. Kurz blanchieren und abtropfen lassen. Die Tomaten brühen, kalt abschrecken, abziehen, vierteln und die Kerne entfernen.

☆ Die Fenchelstücke, Zwiebelstücke und Tomatenviertel abwechselnd auf Metallspieße stecken und ebenfalls mit Erdnußöl bestreichen.

☆ Die Fisch- und die Gemüsespieße etwa 10 Minuten über Holzkohle grillen, dabei mehrmals wenden.

☆ Für die Sauce den Joghurt mit dem Angostura und den fein geschnittenen Kräutern verquirlen. Mit Salz und frisch gemahlenem Pfeffer abschmecken. Die Sauce getrennt zu den Fisch- und Gemüsespießen reichen.

Scampi in Pernod-Sauce

SCAMPI AMOUREUX

Zutaten für vier Personen
400 g ausgelöste Scampi
30 g Butter
1 kleine Schalotte
20 ml Pernod
100 ml trockener Weißwein
100 ml Fischfond (siehe Seite 22)
150 ml Crème double
etwas fein geschnittener Estragon
Salz, frisch gemahlener Pfeffer

Zubereiten

☆ Die Scampi mit Küchenpapier trockentupfen und mit Salz und frisch gemahlenem Pfeffer würzen. In der heißen Butter zusammen mit der fein gewürfelten Schalotte etwa 1 Minute sautieren. Mit dem Pernod flambieren und mit dem Weißwein ablöschen. Zudecken und etwa 30 Sekunden ziehen lassen.

☆ Die Scampi aus dem Fond heben und warm halten.

☆ Den Fond auf die Hälfte einkochen. Anschließend den Fischfond zugießen und nochmals auf die Hälfte reduzieren.

☆ Danach die Crème double und den fein geschnittenen Estragon einrühren. Zu einer sämigen Sauce einkochen und diese mit Salz und frisch gemahlenem Pfeffer abschmecken.

☆ Die Scampi wieder zufügen und sofort servieren.

Hinweis
Zu diesen Scampi sollte ein Reispilaw
gereicht werden.

Pochierte Austern in Salatblättern

HUÎTRES EN FEUILLES VERTES

Zutaten für vier Personen
24 Austern (vorzugsweise Belon)
250 ml Fischfond (siehe Seite 22)
24 grüne, mittelgroße
Salatblätter
1 kleine Schalotte
1 EL Olivenöl
je 15 g feine Karotten-, Lauch-
und Selleriestreifen
etwas Zitronensaft
Salz, frisch gemahlener Pfeffer

Zubereiten

☆ Die Austern mit einem kurzen, kräftigen Austernmesser öffnen. Das Austernwasser durch ein kleines Sieb in den Fischfond abseihen. Die Austern auslösen und die Sehne, die das Fleisch mit der Schale verbindet, wegschneiden. Die ausgelösten Austern mit frisch gemahlenem Pfeffer würzen.

☆ Die Salatblätter überbrühen, kalt abschrecken und die groben Blattrippen herausschneiden.

☆ Jede Auster in ein Salatblatt wickeln.

☆ Die flachen Austernschalen — sie liegen besser auf dem Teller als die gewölbten — abspülen und erwärmen.

☆ Inzwischen die fein gewürfelte Schalotte in dem Olivenöl glasig schwitzen. Den Fischfond zufügen und schnell auf die Hälfte einkochen. Die Karotten-, Lauch- und Selleriestreifen zufügen und etwa 1 Minute blanchieren. Den Fond mit einem Spritzer Zitronensaft, Salz und frisch gemahlenem Pfeffer abschmecken.

☆ Die eingewickelten Austern in den reduzierten Fond legen und 15 Sekunden pochieren. Die Austern werden nur gesteift.

☆ Die pochierten Austern in die warmen Austernschalen legen und etwas Sauce sowie einige Gemüsestreifen darübergeben. Auf vier Teller verteilen und sofort servieren.

Gegrillte Jakobsmuscheln auf Gemüseragout

COQUILLES ST JACQUES GRILLÉES AU RAGOÛT DES LÉGUMES

Zutaten für vier Personen
16 Jakobsmuscheln in der Schale
1 EL Olivenöl
Salz, frisch gemahlener Pfeffer

Für das Gemüseragout
je 1 kleiner grüner
und gelber Zucchino
je 1 kleine rote, gelbe
und grüne Paprikaschote
1 kleine Aubergine
3 mittelgroße Tomaten
1 Knoblauchzehe
4 EL Olivenöl
4 Blätter Basilikum
4 kleine Basilikumspitzen
als Garnitur

Zubereiten

☆ Die Jakobsmuscheln öffnen, indem man mit einem kurzen, kräftigen Messer zwischen den Schalenhälften entlangfährt. Die Muscheln in eine heiße Pfanne legen, damit sie sich völlig öffnen. Die Muscheln auslösen, die dunklen Teile entfernen, das orangefarbene Corail für ein anderes Gericht verwenden und den weißen Muskel, die sogenannte Nuß, gründlich abspülen und trockentupfen. Mit etwas Olivenöl bestreichen und mit Salz und frisch gemahlenem Pfeffer würzen.

☆ Für das Ragout die Zucchini putzen und in kleine Würfel schneiden. Die Samenstände der gewaschenen Paprikaschoten herausschneiden und die Schoten ebenso wie die Aubergine in kleine Würfel schneiden. Die Tomaten brühen, kalt abschrekken, schälen, halbieren und die Kerne ausdrücken. Das Fruchtfleisch in kleine Würfel schneiden. Das Olivenöl in einer Pfanne erhitzen und darin die Gemüsewürfel zusammen mit der zerdrückten Knoblauchzehe nur einige Minuten anschwitzen. Das Gemüse soll noch Biß haben. Mit Salz und frisch gemahlenem Pfeffer würzen und die in feine Streifen geschnittenen Basilikumblätter einrühren. Nochmals abschmecken und abkühlen lassen.

☆ Die Jakobsmuscheln unter einem heißen Grill nur etwa 20 Sekunden von jeder Seite grillen. Nicht länger, da sie sonst trocken werden.

☆ Das abgekühlte Gemüseragout auf vier Teller verteilen und darüber je vier gegrillte Jakobsmuscheln plazieren. Mit den Basilikumspitzen garnieren und auftragen.

Hinweis
Das Gemüseragout kann sowohl kalt wie warm
serviert werden.

Fritierte Muschelbällchen mit pikanter Tomatensauce

Zutaten für vier Personen
200 g ausgelöstes Muschelfleisch
(Herzmuscheln oder
kleine Clams)
200 g geschälte Kartoffeln
Öl zum Ausbacken

Für den Ausbackteig
1 Eigelb
100 ml eiskaltes Wasser
75 g Weizenmehl
Salz, frisch gemahlener Pfeffer

Für die Tomatensauce
1 EL Olivenöl
1 kleine Zwiebel
1 Knoblauchzehe
500 g Tomatenwürfel
1 Bouquet garni (Zwiebel,
Lauch und Petersilie)
1 Prise Zucker,
einige Spritzer Tabasco
25 g kalte Butter
Salz, frisch gemahlener Pfeffer

Zubereiten
☆ Für den Ausbackteig alle Zutaten locker miteinander verrühren. Mit Salz und frisch gemahlenem Pfeffer würzen und ruhen lassen.

☆ Inzwischen die Sauce zubereiten. Dafür im Olivenöl die fein geschnittene Zwiebel und den zerdrückten Knoblauch glasig anschwitzen. Die Tomatenwürfel einrühren und das Bouquet garni sowie eine Prise Zucker zufügen. Eventuell 1 Eßlöffel Wasser einrühren und zugedeckt auf kleiner Flamme weich dünsten. Anschließend im Mixer oder mit dem Schnellmixstab pürieren und durch ein Sieb streichen. Salzen, pfeffern und die kalte Butter mit dem Rührbesen flockenweise einschlagen. Nochmals erhitzen, mit einigen Spritzern Tabasco abschmecken und warm halten.

☆ Das Muschelfleisch trockentupfen. Die geschälten Kartoffeln in feine Juliennestreifen schneiden, etwa 10 Minuten in kaltes Wasser legen und anschließend trockentupfen. Das Muschelfleisch und die Kartoffeljulienne mit dem Ausbackteig nicht überziehen, sondern vermischen.

☆ Diese Mischung eßlöffelweise in die 170° C heiße Friteuse geben und goldbraune Bällchen ausbacken. Anschließend auf Küchenpapier entfetten.

☆ Sofort servieren und die heiße Tomatensauce getrennt dazu reichen.

Muschelpfanne mit Fenchelstreifen

CASSOLETTE DE MOULES AU FENOUIL

Zutaten für vier Personen
2 kg Miesmuscheln
2 kleine Schalotten
100 g Knollenfenchel
30 g Butter
200 ml trockener Weißwein
200 ml Fischfond (siehe Seite 22)
200 ml Sahne
20 g kalte Butter
Salz, frisch gemahlener Pfeffer
Schnittlauch und Fenchelgrün
als Garnitur

Zubereiten

☆ Die Muscheln einige Zeit in kaltes Wasser legen und alle, die auf der Oberfläche schwimmen, entfernen. Anschließend gründlich abbürsten, abspülen und entbarten.

☆ Die fein gewürfelten Schalotten und den in feine Streifen geschnittenen Knollenfenchel in der Butter andünsten, ohne Farbe zu geben. Die Muscheln zufügen und den Weißwein sowie den Fischfond angießen. Zugedeckt zum Kochen bringen und über gelinder Hitze nur so lange — etwa 3—4 Minuten — ziehen lassen, bis sich die Muscheln öffnen. Nicht länger kochen, da sonst das Muschelfleisch zäh wird.

☆ Die Muscheln aus dem Fond heben und alle, die sich während des Kochens nicht geöffnet haben, entfernen.

☆ Das Muschelfleisch auslösen und die zähen Kiemenstränge entfernen.

☆ Den Muschelfond durch ein Passiertuch gießen und auf etwa die Hälfte einkochen. Anschließend die Sahne einrühren und den Fond zur sämigen Konsistenz einkochen. Vom Feuer nehmen und die kalte Butter flockenweise einrühren. Die Sauce wieder erwärmen und das ausgelöste Muschelfleisch zufügen und abschmecken.

☆ Mit fein geschnittenem Schnittlauch und fein gezupftem Fenchelgrün bestreuen und sofort auftragen.

Rotzunge in Reispapier

Zutaten für vier Personen
4 Rotzungenfilets (Limande)
von je etwa 80 g
4 Bogen Reispapier
4 dünne Trüffelscheiben
(oder blanchierter roter Paprika)
etwas glattblättrige Petersilie
4 Stiele Schnittlauch
1 EL Olivenöl
1 EL geklärte Butter
Salz, frisch gemahlener
weißer Pfeffer
1 Fleischtomate und etwas Kresse
als Garnitur

Zubereiten

☆ Die Rotzungenfilets nach eventuell vorhandenen Gräten absuchen und diese mit einer Pinzette herausziehen.

☆ Das Reispapier in ein feuchtes Küchentuch wickeln, damit es geschmeidig wird.

☆ Die Rotzungenfilets mit Salz und frisch gemahlenem weißem Pfeffer würzen. Auf jedes eine Blume legen, die man aus einer Trüffelscheibe oder rotem Paprika, einem Schnittlauchstiel als Stengel und etwas glattblättriger Petersilie als Blättchen formt. Danach jedes Filet in ein passend zurechtgeschnittenes Stück Reispapier wickeln, dabei die überstehenden Ecken nach unten umschlagen.

☆ Die Päckchen vorsichtig in der heißen Öl- und Buttermischung von allen Seiten anbraten. Aus der Pfanne heben und auf Küchenpapier entfetten.

☆ Inzwischen die Fleischtomaten brühen, kalt abschrecken und schälen. Anschließend halbieren und die Kerne ausdrücken. Das Fruchtfleisch in kleine Würfel schneiden. Die Tomatenwürfel in derselben Pfanne kurz erhitzen, mit Salz und frisch gemahlenem Pfeffer würzen und mit der Kresse vermischen.

☆ Die Rotzungenpäckchen auf vier vorgewärmte Teller legen und die Tomatenwürfel daneben plazieren.

Seezungenfilets mit Austern

FILETS DE SOLE POCHÉS AUX HUÎTRES

Zutaten für vier Personen
*jeweils die Hälfte der
angegebenen Zutaten für rote,
gelbe und grüne Paprikasauce
(siehe Seite 28/29)
4 Seezungenfilets von je 60 g
12 Austern
250 ml Fischfond (siehe Seite 22)
Salz, frisch gemahlener Pfeffer
etwas gezupfter Kerbel
als Garnitur*

Zubereiten

☆ Die Saucen zubereiten, wie auf Seite 28/29 beschrieben, und warm halten.

☆ Die Seezungenfilets mit Salz und frisch gemahlenem Pfeffer würzen. In einen Dämpfeinsatz legen und etwa 3−4 Minuten über dem Fischfond dämpfen. Herausheben und warm halten.

☆ Die Austern mit der gewölbten Seite nach unten halten und mit einem Austernmesser öffnen. Die Deckelschalen entfernen und die Austern in der unteren Schale in den Dämpfeinsatz setzen und nur etwa 30 Sekunden dämpfen. Herausheben und das Austernfleisch auslösen.

☆ Jeweils ein Seezungenfilet in die Mitte von vier vorgewärmten Tellern plazieren. Je 1 Eßlöffel der verschiedenen Saucen um die Filets gießen und mit den Austern belegen. Mit etwas gezupftem Kerbel garnieren und servieren.

Warmer Räucherlachs auf Schnittlauchsauce

SAUMON FUMÉ TIÈDE À LA CIBOULETTE

Zutaten für vier Personen

350 g schottischer
Räucherlachs am Stück
200 g kleine neue Kartoffeln
50 ml trockener Weißwein
100 ml Fischfond (siehe Seite 22)
1 kleine Schalotte
150 ml Crème double
300 g blanchierter Spitzkohl
20 g Butter
2 EL geschlagene Sahne
1 EL fein geschnittener
Schnittlauch
Salz, frisch gemahlener Pfeffer

Zubereiten

☆ Den Räucherlachs enthäuten und in 12 dicke Scheiben schneiden.

☆ Die neuen Kartoffeln — es sollten möglichst kleine Malta-kartoffeln sein — mit der Schale weichkochen. Handwarm ab-kühlen lassen, pellen und in dünne Scheiben schneiden.

☆ Für die Sauce den Weißwein zusammen mit dem Fischfond und der fein gewürfelten Schalotte aufkochen und die Flüssig-keit schnell auf ein Viertel einkochen lassen. Die Crème double zufügen und nochmals aufkochen. Wieder auf die Hälfte redu-zieren und danach durch ein feines Sieb passieren. Mit Salz und frisch gemahlenem Pfeffer abschmecken und warm halten.

☆ Den blanchierten Spitzkohl in dünne Streifen schneiden und in der heißen Butter einige Minuten sautieren. Mit Salz und frisch gemahlenem Pfeffer würzen. Die Kartoffelscheiben vor-sichtig unterheben und erhitzen.

☆ Den Räucherlachs in Alufolie wickeln und im 160° C heißen Backofen etwa 2 Minuten erwärmen.

☆ Unmittelbar vor dem Anrichten die geschlagene Sahne in die warm gehaltene Sauce rühren und mit dem Handrührer schaumig aufschlagen. Den fein geschnittenen Schnittlauch zufügen und die Sauce nochmals abschmecken.

☆ Die Kohlstreifen und Kartoffelscheiben auf vier vorgewärm-te Teller verteilen. Je drei warme Räucherlachsscheiben dar-überlegen und mit der Schnittlauchsauce umgießen.

Hinweis

Das delikate Räucheraroma des Lachses wird durch vorsichtiges Erwärmen verstärkt.

Lachs- und Austern-Vinaigrette

Zutaten für vier Personen
200 g fangfrisches Lachsfilet
4 Austern (vorzugsweise Belon)
3 EL Olivenöl
1 EL Weißweinessig
1 EL fein geschnittener
Schnittlauch
etwas Zitronensaft
Salz, frisch gemahlener Pfeffer
12 abgekochte Spargelspitzen
1 EL fein geschnittene Trüffel
(nach Belieben)

Zubereiten
☆ Den fangfrischen Lachs hauchdünn aufschneiden. Die Austern auslösen, dabei das Austernwasser durch ein feines Sieb abgießen und für die Vinaigrette bereithalten. Das Austernfleisch würfeln.
☆ Für die Vinaigrette das Olivenöl mit dem Weißweinessig, dem Austernwasser und dem fein geschnittenen Schnittlauch verrühren. Mit etwas Zitronensaft sowie Salz und frisch gemahlenem Pfeffer würzen.
☆ Vier Mittelteller mit den Lachsscheiben auslegen und die Austernwürfel sowie die Spargelspitzen darüber verteilen.
☆ Mit der Vinaigrette überziehen und nach Belieben mit Trüffelstreifen garnieren.

Eier im Näpfchen mit Lachs- und Fenchelcreme

Zutaten für vier Personen
100 g pochierter Lachs
100 ml Sahne
½ gewürfelte Fenchelknolle
Salz, frisch gemahlener Pfeffer
4 Eier
4 Scheiben Toastbrot
etwas Petersilie als Garnitur

Zubereiten
☆ Den pochierten Lachs zerpflücken und die Gräten entfernen. Die Sahne in einer kleinen Kasserolle zum Kochen bringen und auf die Hälfte einreduzieren. Den zerpflückten Lachs und den fein gewürfelten Fenchel einrühren, mit Salz und frisch gemahlenem Pfeffer würzen.
☆ Vier Souffléförmchen mit etwas weicher Butter ausstreichen und leicht mit Salz und frisch gemahlenem Pfeffer ausstreuen. In jedes Förmchen ein Ei schlagen und im Wasserbad im 150° C heißen Ofen in etwa 5−6 Minuten stocken lassen.
☆ Die Lachs- und Fenchelcreme über die Eier gießen, mit etwas Petersilie garnieren und mit frischem Toast servieren.

Lachsleber auf Kohlstreifen

FOIE DE SAUMON AU CHOU VERT

Zutaten für vier Personen
200 g frische Lachsleber
40 g Butter
300 g Spitzkohl
50 ml trockener Weißwein
1 kleine Schalotte
50 ml Fischfond (siehe Seite 22)
1 EL trockener Sherry
Salz, frisch gemahlener Pfeffer,
1 Prise Cayennepfeffer

Zubereiten

☆ Die Lachsleber in dünne Scheiben schneiden.

☆ Die Hälfte der Butter in einem Topf erhitzen und darin den in feine Streifen geschnittenen Spitzkohl etwa 1 Minute andünsten. Anschließend den Weißwein zugießen und auf kleiner Flamme unter öfterem Rühren »al dente« dünsten – die Kohlstreifen dürfen dabei ihre frische grüne Farbe nicht verlieren. Mit Salz und frisch gemahlem Pfeffer würzen und warm halten.

☆ Anschließend die Leberscheiben salzen und pfeffern und in der restlichen Butter kurz – etwa 50 Sekunden – von jeder Seite anbraten. Aus der Pfanne nehmen und warm halten.

☆ Im Bratenfond die fein gewürfelte Schalotte etwa 1 Minute andünsten. Danach den Fischfond sowie den Sherry zugießen und leicht einreduzieren. Mit Salz, frisch gemahlenem Pfeffer und einer Prise Cayennepfeffer abschmecken.

☆ Die Kohlstreifen auf vier vorgewärmte Teller verteilen, die Leberscheiben darüber legen und mit der Sauce überziehen.

Hinweis
Fischleber ist ebenso zart wie Kalbsleber und muß genauso behutsam gebraten werden.

Räucherlachs mit Avocadomousse

ROSETTE DE SAUMON FUMÉ À LA MOUSSE D'AVOCAT

Zutaten für vier Personen
8 dicke Scheiben Räucherlachs

Für das Avocadomousse
150 g pürierte Avocado
2 Blatt Gelatine
1 TL Zitronensaft
150 ml geschlagene Sahne
1 EL Sherry
etwas fein geriebener Meerrettich
1 TL Walnußöl
Salz, frisch gemahlener Pfeffer
etwas gezupfter Kerbel,
1 kleine Avocado
in dünnen Scheiben,
etwas Paprika als Garnitur

Zubereiten

☆ Vier kleine Glasschalen mit je 2 Scheiben Räucherlachs so auslegen, daß sie die Ränder der Schälchen überlappen und sich anschließend über das eingefüllte Mousse klappen lassen.

☆ Für die Mousse die Gelatine in kaltem Wasser einweichen, ausdrücken und in etwa 2 Eßlöffeln heißem Wasser auflösen. Durch ein Sieb in das Avocadopüree gießen und den Zitronensaft zufügen, damit sich das Püree nicht verfärbt. Anschließend die geschlagene Sahne unterziehen. Die Masse mit dem Sherry, dem geriebenen Meerrettich, dem Walnußöl sowie Salz und frisch gemahlenem Pfeffer würzen.

☆ Die Avocadomousse in die vorbereiteten Schälchen füllen und die Lachsscheiben vorsichtig darüberklappen. Im Kühlschrank in etwa ½ Stunde fest werden lassen.

☆ Vor dem Servieren wird die Mousse auf vier Teller gestürzt und mit gezupftem Kerbel garniert. Dünne Avocadoscheiben daneben plazieren und mit etwas Paprika bestäuben.

Hinweis
Die Mousse kann einige Stunden im voraus zubereitet werden.

Blätterteigschnitten gefüllt mit Lachsmousse

MILLE-FEUILLES À LA MOUSSE DE SAUMON D'ÉCOSSE ET CAVIAR

Zutaten für vier Personen
Blätterteig aus den
auf Seite 32 angegebenen Zutaten
150 g pochierter
schottischer Wildlachs
Saft von ½ Zitrone
Salz, frisch gemahlener Pfeffer,
1 Prise Cayennepfeffer
200 ml geschlagene Sahne
150 ml Fischfond (siehe Seite 22)
1½ Blätter Gelatine
20 g Kaviar (nach Belieben)
20 g flüssige Butter
2 TL fein gehackte Trüffel
(nach Belieben)
20 g fein gehackte Pistazien
Mehl zum Bestäuben
4 schmale Streifen Räucherlachs
und einige Feldsalatblätter
als Garnitur

Zubereiten

☆ Den Blätterteig auf einer leicht bemehlten Arbeitsfläche zu einem 2 mm dicken Rechteck von 35 auf 20 cm ausrollen. Anschließend den Teig auf ein mit Wasser benetztes Backblech geben und mit einer Gabel in gleichmäßigen Abständen einstechen. Im 220° C heißen Ofen in etwa 15 Minuten goldbraun backen. Herausnehmen und auf einem Drahtrost abkühlen lassen.

☆ Den pochierten Lachs enthäuten, die Gräten entfernen und das Lachsfleisch klein schneiden. In eine Metallschüssel geben und auf Eis setzen. Das Fischfleisch mit dem Saft einer halben Zitrone verrühren und mit dem Schnellmixstab pürieren. Mit Salz und frisch gemahlenem Pfeffer würzen. Anschließend die geschlagene Sahne unterziehen und nochmals abschmecken und mit einer Prise Cayennepfeffer schärfen. Den Fischfond erhitzen und darin die in kaltem Wasser eingeweichte und gut ausgedrückte Blattgelatine auflösen. Durch ein Sieb gießen und in die Lachsmousse rühren. Anschließend nach Belieben den Kaviar vorsichtig unterheben.

☆ Die ausgekühlte Blätterteigplatte halbieren. Auf die eine Hälfte die Lachsmousse gleichmäßig aufstreichen und mit der anderen Hälfte bedecken.

☆ Die Oberfläche der Deckplatte mit flüssiger Butter bepinseln und – nach Belieben – mit den gehackten Trüffeln sowie den Pistazien bestreuen. Im Kühlschrank fest werden lassen.

☆ Mit einem Elektromesser in vier Stücke schneiden. Je ein Stück auf die vier Teller plazieren und daneben einen zu einer Rose gedrehten Räucherlachsstreifen und zwei Feldsalatblättchen legen.

Roher Lachs auf Kräuterschaum

SAUMON CRU SUR UNE MOUSSE D'HERBES

Zutaten für vier Personen

500 g fangfrisches Lachsfilet
2 EL Zitronensaft
4 EL kalt gepreßtes Olivenöl
1½ TL Meersalz
je 2 EL fein geschnittener Dill,
Schnittlauch, Basilikum,
Petersilie, Kresse, Kerbel
einige fein geschnittene
Spinatblätter
80 ml Crème double
2 Tropfen Tabasco
Salz, frisch gemahlener
schwarzer und weißer Pfeffer
etwas gezupfter Kerbel
als Garnitur

Zubereiten

☆ Das gehäutete fangfrische Lachsfilet schräg in hauchdünne Scheiben schneiden und diese auf eine große Platte legen. 1½ Eßlöffel Zitronensaft mit dem Olivenöl verquirlen und damit die Lachsscheiben bestreichen. Mit dem Meersalz bestreuen und kühl stellen.

☆ Für die Schaumsauce die fein geschnittenen Kräuter und Spinatblätter in einen weiten Topf geben, 1 Eßlöffel Wasser zufügen und auf kleiner Flamme etwa 4–5 Minuten Saft ziehen lassen. Diesen anschließend durch ein Passiertuch abseihen. (Man kann dazu auch einen Entsafter benutzen.)

☆ Die Crème double, etwas Tabasco sowie den restlichen Zitronensaft in den Kräutersaft rühren. Mit Salz und frisch gemahlenem Pfeffer abschmecken und mit einem Rührbesen schaumig schlagen.

☆ Den Kräuterschaum auf vier gekühlte Teller verteilen. Mit den marinierten Lachsscheiben belegen und mit gezupftem Kerbel garnieren. Nach Belieben frischen Vollkorntoast dazu reichen.

Salat von Gurken, Tomaten und Brunnenkresse mit heißgeräuchertem Lachs

SAUMON FRAIS FUMÉ AVEC CONCOMBRE, TOMATE ET CRESSON

Zutaten für vier Personen
400 g Lachsfilet
1 EL Olivenöl
Salz, frisch gemahlener Pfeffer

Für den Salat
100 ml Traubenkernöl
3 EL Himbeeressig
2 reife Tomaten
etwas frisches Basilikum
¼ Gurke
1 Bund Brunnenkresse

Für das Dressing
4 EL Joghurt
etwas fein geschnittener Dill

Zubereiten

☆ Das enthäutete Lachsfilet in 12 gleich große Stücke schneiden. Mit dem Olivenöl bestreichen und mit Salz und frisch gemahlenem Pfeffer würzen. In die vorbereitete Räucherbox legen und etwa 3 Minuten heiß räuchern.

☆ Für den Salat das Traubenkernöl mit dem Himbeeressig verquirlen. Die Hälfte davon über die fein gewürfelten Tomaten träufeln. Den Rest mit Salz und frisch gemahlenem Pfeffer würzen und das fein geschnittene Basilikum einrühren.

☆ Die geschälte Gurke in 24 Streifen von 1 cm Breite und 5 cm Länge schneiden. Die Gurkenstreifen mit der gewaschenen und von den groben Stielen gezupften Brunnenkresse vermischen und in der Vinaigrette wenden.

☆ Für das Dressing den Joghurt mit dem fein geschnittenen Dill verrühren und mit Salz und frisch gemahlenem Pfeffer abschmecken.

☆ Auf vier gekühlte Teller je 1 Eßlöffel Dilldressing geben. Jeweils sechs Gurkenstreifen über Kreuz auf das Dressing plazieren und die Brunnenkresse dazwischenstreuen. Je drei Lachsstücke auf die Gurkenstreifen legen. Mit der Tomatenvinaigrette überziehen und sofort servieren.

Hinweis
Räucherboxen samt Zubehör sind in Sportartikelgeschäften erhältlich.

Lachsrosetten auf Koriander-Vinaigrette

Zutaten für vier Personen
500 g fangfrisches Lachsfilet
1½ TL Meersalz
4 EL Olivenöl
Saft von 1 Zitrone
1 TL Korianderkörner
2 abgezogene Tomaten
1 TL fein geschnittenes
Koriandergrün
frisch gemahlener Pfeffer
etwas Koriandergrün
als Garnitur

Zubereiten
☆ Das enthäutete Lachsfilet schräg in große dünne Scheiben schneiden und auf eine gekühlte Platte legen. Mit Meersalz bestreuen und mit jeweils der Hälfte des Öls und des Zitronensaftes beträufeln. Kühl gestellt etwa 10–15 Minuten marinieren.
☆ Aus dem restlichen Öl und Zitronensaft eine Vinaigrette quirlen und die im Mörser zerstoßenen Korianderkörner, die fein gewürfelten Tomaten sowie das fein geschnittene Koriandergrün einrühren. Mit frisch gemahlenem schwarzem Pfeffer würzen.
☆ Die marinierten Lachsscheiben zu 4 großen Rosetten formen und auf gekühlte Teller setzen. Mit der Vinaigrette überziehen und mit etwas gezupftem Koriandergrün garnieren.

Marinierte Lachs- und Steinbuttstreifen

Zutaten für vier Personen
250 g fangfrisches Lachsfilet
200 g fangfrisches Steinbuttfilet
Saft von einer Limette
Salz
je 1 TL weiße Pfeffer- und
Korianderkörner
50 ml Olivenöl
100 g Tomatenwürfel
1 EL fein geschnittener Dill

Zubereiten
☆ Das Lachs- und Steinbuttfilet in dünne Streifen schneiden und auf vier Teller verteilen. Mit dem Limettensaft beträufeln und mit etwas Salz sowie den zerdrückten Pfeffer- und Korianderkörnern bestreuen. Mit dem Olivenöl überziehen und mit den Tomatenwürfeln und dem fein geschnittenen Dill bestreuen. Vor dem Servieren etwa 3–4 Minuten ziehen lassen. Nach Belieben getoastetes Stangenbrot dazureichen.

Forelle blau
mit Sauce mousseline

TRUITE AU BLEU, SAUCE MOUSSELINE

Zutaten für vier Personen
4 Bach- oder Regenbogenforellen
von je etwa 200 g
150 ml Apfelessig
1 Schalotte
60 g Sellerie
2 Petersilienstiele
6 weiße Pfefferkörner
Salz
Sauce mousseline
aus den auf Seite 26
angegebenen Zutaten
1 Zitrone und etwas Petersilie
als Garnitur

Zubereiten
☆ In einem großen Topf 4 Liter Wasser zusammen mit dem milden Apfelessig, der fein geschnittenen Schalotte, dem in Scheiben geschnittenen Sellerie, den Petersilienstielen sowie den zerdrückten Pfefferkörnern und etwas Salz aufsetzen. Zum Kochen bringen, die Hitze reduzieren und die ausgenommenen Forellen vorsichtig einlegen, ohne dabei ihren Schleim abzustreifen, der eine besonders intensive Blaufärbung bewirkt. Die Forellen etwa 8−10 Minuten pochieren.

☆ Inzwischen − wie auf Seite 26 beschrieben − die Sauce mousseline zubereiten.

☆ Anschließend die Forellen aus dem Fond heben, abtropfen lassen und auf vier vorgewärmte Teller plazieren. Mit je 2 Zitronenachteln und etwas Petersilie garnieren. Die Sauce mousseline getrennt dazu reichen.

Hinweis
Man kann die Forellen vor dem Pochieren auch rund zusammenbinden, indem man mit Nadel und Küchenzwirn durch Kopf und Schwanz sticht und den Faden verknotet.

Marinierte Forellenfilets mit Dilljoghurt

Zutaten für vier Personen
*8 Filets von fangfrischen
Bachforellen von je etwa 80 g
30 g Salz
1 EL Zucker
1 EL fein geschnittene Petersilie
3 EL fein geschnittener Dill
Saft von 1 Zitrone*

Für den Dilljoghurt
*300 g Joghurt
1 EL Dill
etwas Zitronensaft
Salz, frisch gemahlener Pfeffer*

Zubereiten

☆ Die abgezogenen und sorgfältig entgräteten Filets in eine flache Schale legen. Das Salz mit dem Zucker, der fein geschnittenen Petersilie und dem fein geschnittenen Dill sowie dem Zitronensaft verrühren und über die Filets gießen. Zugedeckt etwa 12 Stunden im Kühlschrank marinieren. Danach die Forellenfilets aus der Marinade heben und trockentupfen.

☆ Für das Dressing den Joghurt mit dem fein geschnittenen Dill verrühren und mit etwas Zitronensaft sowie Salz und frisch gemahlenem Pfeffer abschmecken.

☆ Die Forellenfilets auf vier Teller verteilen und den Dilljoghurt getrennt dazu reichen.

Hinweis
*Man kann den Dilljoghurt auch in vier
ausgehöhlte Tomaten füllen und diese dekorativ
neben die Filets plazieren.*

Geräucherte Forelle mit Gurkenstreifen

TRUITE FUMÉE ET FILETS DE CONCOMBRE

Zutaten für vier Personen

4 geräucherte Forellenfilets
von je etwa 50 g
50 g fein geschnittene Gurken
50 g fein geschnittene Radieschen
2 TL fein geriebener frischer
Meerrettich
1 TL fein geschnittener Dill
50 ml geschlagene Sahne
100 g Joghurt
½ Gurke
Salz, frisch gemahlener Pfeffer
4 TL Keta-Kaviar und etwas
gezupfter Dill als Garnitur

Zubereiten

☆ Die abgezogenen Forellenfilets in kleine Stücke zerpflükken. In einer Schüssel mit den feinen Gurken- und Radieschenstreifen sowie dem fein geriebenen Meerrettich und dem fein geschnittenen Dill vermischen. Mit dem Joghurt und der geschlagenen Sahne binden und mit Salz und frisch gemahlenem Pfeffer abschmecken.

☆ Die lockere Forellenmasse mit Hilfe eines runden Keksausstechers kreisrund jeweils in die Mitte von vier Tellern plazieren.

☆ Mit einem Kanneliermesser Längsrillen in die gewaschene, aber ungeschälte Gurke schneiden. Die Gurke anschließend in 40 hauchdünne Scheiben aufschneiden.

☆ Die »Forellentörtchen« mit je 10 Gurkenscheiben umlegen und mit je 1 Teelöffel Keta-Kaviar sowie einem kleinen Dillwedel garnieren.

Hinweis

Statt Räucherforellen kann man ebensogut
Räucherlachs für diese aparte Vorspeise verwenden.

Pochierte Bachforelle mit frischen Kräutern

TRUITE DE RIVIÈRE PARFUMÉE AUX HERBES

Zutaten für vier Personen

4 Bachforellen von je etwa 200 g
2 EL gemischte Kräuter
50 g Butter
2 EL fein geschnittene Petersilie
2 EL trockener Weißwein
2 EL Madeira Medium Dry
Salz, frisch gemahlener Pfeffer

Zubereiten

☆ Die ausgenommenen Forellen filetieren, jedoch nicht abziehen. Mit Salz und frisch gemahlenem Pfeffer würzen und mit der Hälfte der fein geschnittenen Kräuter bestreuen.

☆ Die Butter in einer großen Kasserolle mit dicht schließendem Deckel schmelzen und die Forellenfilets einlegen. Mit den restlichen Kräutern und der fein geschnittenen Petersilie bestreuen. Den trockenen Weißwein sowie den Madeira angießen.

☆ Zugedeckt zum Sieden bringen und die Forellen 2—3 Minuten — dünne Filetstreifen nur etwa 1½ Minuten — pochieren.

☆ Die Forellenfilets aus dem Fond heben und auf eine vorgewärmte Servierplatte legen.

☆ Den Pochierfond mit Salz und frisch gemahlenem Pfeffer abschmecken und über die Forellenfilets gießen. Sofort servieren.

Hinweis

An frischen Kräutern sollte man Schnittlauch, Thymian, Majoran, Estragon, Dill, Koriander, Sellerieblätter oder Basilikum und vielleicht etwas Rosmarin verwenden. Man kann die Forellen auch im Ganzen pochieren und sie erst anschließend filetieren. Im übrigen neigt man heute immer mehr dazu, den Fisch mit Haut zu servieren.

Boudins von Meeresfrüchten

Zutaten für vier Personen

4 Jakobsmuscheln in der Schale
100 g ausgelöste Scampi
150 g Lachsfilet
100 g Seeteufelfilet
150 g Hechtfilet
150 ml Crème double
2 TL fein geschnittener Dill
40–50 cm Wurstdarm
Salz, frisch gemahlener Pfeffer

Für die Sauce

20 g Butter
je 40 g feine Karotten-,
Lauch- und Selleriestreifen
2 EL trockener Weißwein
100 ml Fischfond (siehe Seite 22)
100 ml Sahne
Salz, frisch gemahlener Pfeffer

Zubereiten

☆ Die Jakobsmuscheln mit einem kräftigen Messer öffnen und das Muschelfleisch auslösen. Die weiße Nuß sorgfältig von dem orangefarbenen Corail trennen, die dunklen Teile entfernen. Nuß und Corail unter fließendem Wasser abspülen und in kleine Würfel schneiden. Auf ein Küchentuch zum Abtropfen legen.

☆ Die Scampi sowie das Lachs- und Seeteufelfilet ebenfalls würfeln und mit den Jakobsmuscheln vermengen. Mit etwas Salz und frisch gemahlenem Pfeffer würzen und gut durchkühlen.

☆ Das ebenfalls gut gekühlte Hechtfilet in der Küchenmaschine zu einer glatten Masse verarbeiten. Mit einer Prise Salz und frisch gemahlenem Pfeffer würzen.

☆ Das Fischpüree in einer Schüssel auf Eis setzen und mit einem Holzlöffel nach und nach die kalte Crème double einarbeiten. Anschließend die gewürzten Fischwürfel und den fein geschnittenen Dill unterheben. Abschmecken und 30 bis 40 Minuten im Kühlschrank ruhen lassen.

☆ Anschließend die Fischfarce mit dem Spritzbeutel oder einem Löffel in den vorher eingeweichten Wurstdarm, einen zarten Saitling vom Metzger, füllen und 8 Würstchen von etwa 6 cm Länge abbinden.

☆ Die Würstchen in heißes Wasser legen und etwa 5–6 Minuten unterhalb des Siedepunktes pochieren. Herausnehmen und in kaltem Wasser abkühlen.

☆ Für die Sauce die Butter erhitzen und darin die Gemüsestreifen unter ständigem Rühren etwa 2 Minuten anschwitzen, aber nicht bräunen. Mit dem Weißwein ablöschen und auf die

Hälfte reduzieren. Danach den Fischfond zugießen und nochmals auf die Hälfte einkochen. Die Sahne einrühren und etwa 2 Minuten über geringer Hitze kochen lassen. Mit Salz und frisch gemahlenem Pfeffer abschmecken und warm halten.

☆ Die Würstchen unter dem mäßig heißen Grill etwa 5–6 Minuten goldbraun grillen, dabei mehrmals wenden.

☆ Die Sauce und die Gemüsestreifen auf vier vorgewärmte Teller verteilen und die gegrillten »Boudins« darüberlegen.

Hinweis

Dieses Gericht kann entweder als Hors d'œuvre oder als Hauptgericht serviert werden. Als Vorspeise ergibt es acht Portionen. Als Hauptgericht sollte es mit einem Butterreis gereicht werden.

Statt die Fischmousseline in Wurstdarm zu füllen, kann man sie auch in Frischhaltefolie wickeln und pochieren. Vor dem Grillen wird die Folie vorsichtig entfernt.

Tatar von Thunfisch mit Meeresalgen

Zutaten für vier Personen
300 g fangfrisches Thunfischfilet
Saft von 1 Limette
1 Prise Chilipulver
4 fein geschnittene Lauchzwiebeln
2 EL Olivenöl
100 g Meeresalgen
(passe-pierre, perce-pierre
oder criste marine)
1 TL fein geschnittene Petersilie
Salz, frisch gemahlener Pfeffer

Zubereiten

☆ Das sorgfältig entgrätete Thunfischfilet in 1 cm große Würfel schneiden.

☆ Die Fischwürfel in eine Glas- oder Edelstahlschüssel geben und mit dem Saft der Limette beträufeln. Die Fischwürfel vorsichtig in dem Saft wenden.

☆ Mit dem Chilipulver bestreuen und die fein geschnittenen Lauchzwiebeln unterheben. Anschließend 1 Eßlöffel Olivenöl zugeben und mit etwas Salz und frisch gemahlenem Pfeffer würzen. Zugedeckt im Kühlschrank etwa 1 Stunde marinieren.

☆ Inzwischen die Meeresalgen in heißem Wasser blanchieren, kalt abschrecken und abtropfen lassen.

☆ Kurz vor dem Anrichten werden die blanchierten Meeresalgen mit dem restlichen Olivenöl und der fein geschnittenen Petersilie vermischt. Mit etwas frisch gemahlenem Pfeffer würzen. Nicht salzen, da die Algen einen zarten Meersalzgeschmack haben.

☆ Die Thunfischwürfel aus der Marinade heben und auf vier Teller verteilen, mit den Meeresalgen umlegen und servieren.

Hinweis
Statt Thunfisch kann man auch Steinbutt
verwenden, und die Meeresalgen können durch
Eichblattsalat ersetzt werden.

Blätterteigschnitten mit Heringsmilch auf Curry-Buttersauce

Zutaten für vier Personen

320 g Heringsmilch
Blätterteig aus der auf Seite 32
angegebenen Zutatenmenge
1 Eigelb
2 EL Mohnsamen
2 EL Olivenöl
25 g Butter
4 kleine Lauchzwiebeln
12 entstielte Spinatblätter
Salz, frisch gemahlener Pfeffer
4 Kirschtomaten als Garnitur

Für die Curry-Buttersauce

1 kleine Schalotte
20 g Butter
1 EL mildes Currypulver
1 Prise Kurkuma
100 ml trockener Weißwein
100 ml Fischfond (siehe Seite 22)
100 ml Sahne
80 g kalte Butter
etwas Zitronensaft

Zubereiten

☆ Die Heringsmilch abspülen und trockentupfen.

☆ Den vorbereiteten Blätterteig in ein 2 mm dickes Rechteck von etwa 35 auf 20 cm ausrollen. Mit einer Gabel den Teig dicht an dicht einstechen und im Kühlschrank etwa 10 Minuten ruhen lassen.

☆ Anschließend den Teig auf ein mit Wasser benetztes Backblech geben. Ein Drittel des Teigrechteckes mit dem verquirlten Eigelb bestreichen und dick mit Mohn bestreuen. Im 220° C heißen Ofen in etwa 15 Minuten goldgelb backen. Herausnehmen und abkühlen lassen. Anschließend in 12 Rechtecke schneiden. Die mit Mohn bestreuten 4 Rechtecke als Deckplatten für die Blätterteigschnitten verwenden.

☆ Für die Sauce die fein gewürfelte Schalotte in 20 Gramm Butter glasig anschwitzen. Das Curry- und das Kurkumapulver einrühren. Mit dem Weißwein und Fischfond aufgießen. Zum Kochen bringen und schnell auf die Hälfte reduzieren. Anschließend die Sahne einrühren und noch einige Minuten auf kleiner Flamme kochen lassen. Abseits vom Feuer die restliche kalte Butter einschwenken. Die Sauce durch ein Sieb gießen, nochmals erhitzen und mit Salz, frisch gemahlenem Pfeffer und etwas Zitronensaft abschmecken. Anschließend warm halten.

☆ Für die Füllung wird die trockengetupfte Heringsmilch mit Salz und frisch gemahlenem Pfeffer gewürzt. Danach in dem Olivenöl und der Hälfte der Butter etwa 30 Sekunden sautieren. Die diagonal in kleine Röllchen geschnittenen Lauchzwiebeln zufügen und mit der Heringsmilch eine weitere Minute sautieren. Herausheben und warm halten.

☆ In der restlichen Butter die Spinatblätter kurz andünsten und mit Salz und frisch gemahlenem Pfeffer würzen.

☆ Unterdessen die Kirschtomaten brühen, kalt abschrecken und abziehen. Die vorbereiteten Blätterteigrechtecke nochmals im Ofen erwärmen. Die Sauce im Mixer oder mit dem Handrührer schaumig aufschlagen.

☆ Auf vier vorgewärmte Teller je ein Blätterteigrechteck plazieren, das etwa zur Hälfte mit Spinatblättern belegt wird. Darüber etwas sautierte Heringsmilch legen und mit einem weiteren Blätterteigrechteck belegen. Darauf die restliche Heringsmilch verteilen und mit den mit Mohn bestreuten Teigrechtecken abdecken. Mit der Curry-Buttersauce umgießen und mit je einer Kirschtomate garnieren.

Hinweis
Damit der Blätterteig schön knusprig bleibt, darf man dieses Gericht erst unmittelbar vor dem Servieren fertigstellen.

Gegrillter Tintenfisch mit Olivenöl und Petersilie

CALMAR GRILLÉ À L'HUILE D'OLIVE ET PERSIL

Zutaten für vier Personen
4 Tintenfische von je etwa 250 g
4 EL fein geschnittene Petersilie
60 g weiche Butter
2 EL Olivenöl
Salz, frisch gemahlener Pfeffer
2 Zitronen als Garnitur

Zubereiten

☆ Die Tintenfische gründlich abspülen und häuten. Anschließend das Kopfstück an den Fangarmen aus dem Körperbeutel ziehen und die Fangarme oberhalb der Augen abschneiden. Die Innereien sowie die Kauwerkzeuge entfernen und das transparente Fischbein auslösen. Die Körperbeutel abspülen und trockentupfen.

☆ Die Fangarme in kleine Würfel schneiden und mit der Petersilie sowie der weichen Butter vermischen. Die Mischung mit Salz und frisch gemahlenem Pfeffer würzen.

☆ Danach die Körperbeutel mit der Mischung füllen und mit hölzernen Zahnstochern zuheften.

☆ Die gefüllten Beutel von allen Seiten mit Olivenöl bestreichen und mit Salz und frisch gemahlenem Pfeffer würzen.

☆ Etwa 10–15 Minuten grillen, dabei einmal wenden.

☆ Die Tintenfische auf vier Teller verteilen und mit je einer ½ Zitrone garnieren.

Hinweis
Als Hauptgericht serviert man die gegrillten
Tintenfische mit Petersilie bestreut und übergossen
mit brauner Butter und Zitronensaft. Dazu reicht
man schlichte Salzkartoffeln.

Gegrillter Sackbrassen auf Safrannudeln mit Basilikum

Zutaten für vier Personen

8 Stücke Seebrassenfilet
von je 50 g
Salz, frisch gemahlener Pfeffer
4 TL Olivenöl
1 Fleischtomate
Safrannudeln aus der auf Seite 35
angegebenen Zutatenmenge
10 g Butter
1 Bund Basilikum

Für die Sauce

1 kleine Schalotte
80 ml trockener Weißwein
1 EL Noilly Prat
250 ml Fischfond (siehe Seite 22)
200 ml süße Sahne

Zubereiten

☆ Zuerst die Sauce zubereiten: Dafür die fein gewürfelte Schalotte zusammen mit dem Weißwein und dem Noilly Prat zum Kochen bringen. Die Flüssigkeit auf die Hälfte einkochen lassen. Anschließend den Fischfond zugießen und die Basilikumstiele einlegen – die Blätter werden für die Safrannudeln verwendet. Die Flüssigkeit nochmals auf ein Viertel einkochen und die Sahne einrühren. Auf kleiner Flamme weitere 5 Minuten kochen lassen. Mit Salz und frisch gemahlenem Pfeffer abschmecken. Durch ein Sieb passieren und die Sauce warm halten.

☆ Die Safrannudeln in kochendes Salzwasser geben und »al dente« kochen. Die Nudeln anschließend abgießen, mit heißem Wasser überspülen, abtropfen lassen und in der Butter wenden. Mit den fein geschnittenen Basilikumblättern vermischen und mit frisch gemahlenem Pfeffer würzen.

☆ Unterdessen die Fischstücke mit Salz und frisch gemahlenem Pfeffer bestreuen und mit 3 Teelöffeln Olivenöl bepinseln. Unter einem mäßig heißen Grill etwa 3–4 Minuten von jeder Seite grillen.

☆ Die abgezogene Fleischtomate entkernen und das Fruchtfleisch würfeln. In dem restlichen Olivenöl kurz erwärmen und mit Salz und frisch gemahlenem Pfeffer würzen.

☆ Die Safrannudeln auf vier vorgewärmte Teller verteilen und mit je zwei gegrillten Seebrassenstücken belegen. Mit der Sauce umgießen und mit den Tomatenwürfeln sowie zwei Blättchen Basilikum garnieren.

Stockfisch mit Oliven

Zutaten für vier Personen
600 g Stockfisch
2 kleine Schalotten
2 TL Weißweinessig
40 g entsteinte schwarze Oliven
2 Sardellenfilets
1 Knoblauchzehe
20 g Kapern
2 TL Olivenöl
Saft von ½ Zitrone
2 EL fein geschnittene Petersilie
50 ml Fischfond (siehe Seite 22)
frisch gemahlener Pfeffer

Zubereiten
☆ Den Stockfisch kalt abspülen. Anschließend 12 Stunden in kaltem Wasser einweichen, dabei das Wasser mehrmals wechseln.

☆ Den Stockfisch aus dem Einweichwasser nehmen und abtropfen lassen. In einen großen Topf zusammen mit den fein geschnittenen Schalotten und dem Essig geben. Mit kaltem Wasser bedecken und zum Kochen bringen. Auf geringer Hitze — in etwa 50 bis 60 Minuten — weichkochen. Aus dem Fond heben und abkühlen lassen. Anschließend entgräten und die Haut entfernen. Das Fischfleisch zerpflücken.

☆ In einer großen Schüssel das zerpflückte Fischfleisch mit den grob gehackten Oliven, den fein gehackten Sardellenfilets, dem durch die Knoblauchpresse gedrückten Knoblauch und den fein gehackten Kapern vermischen.

☆ Anschließend das Olivenöl, den Zitronensaft und die fein geschnittene Petersilie unterrühren. Mit dem Fischfond befeuchten und gründlich durchmischen.

☆ Vor dem Servieren mindestens 2 Stunden zugedeckt im Kühlschrank durchziehen lassen.

Hinweis
Als Beilage zu diesem Gericht kann man einen einfachen Reis servieren.

Gedämpfte Sardinen mit Koriandergrün

SARDINES À LA VAPEUR AVEC CORIANDRE

Zutaten für vier Personen
800 g ausgenommene Sardinen
Salz, frisch gemahlener
schwarzer Pfeffer
30 g Ingwerknolle
2 TL Zitronensaft
2 TL brauner Zucker
2 EL Sojasauce
etwas Koriandergrün als Garnitur

Zubereiten
☆ Die ausgenommenen Sardinen schuppen, indem man sie mit einem Tuch abreibt. Die Köpfe mit den Kiemen entfernen und die Mittelgräten mit den daran hängenden kleinen Gräten vorsichtig herausziehen. Anschließend abspülen und trockentupfen.

☆ Mit frisch gemahlenem Pfeffer würzen und über Dampf etwa 4—5 Minuten garen.

☆ Inzwischen die Ingwerknolle dünn schälen und in feine Streifen schneiden. Zusammen mit dem Zitronensaft, dem braunen Zucker sowie der Sojasauce in eine kleine Saucenpfanne geben, kurz aufkochen und vom Feuer nehmen.

☆ Die Sardinen auf vier vorgewärmte Teller verteilen und mit der Sauce überziehen. Mit frischem Koriandergrün garnieren.

Hinweis
Wenn man dazu einen Kartoffelsalat mit einem
Schnittlauch-Joghurt-Dressing serviert, erhält man
eine schnelle, leichte Mahlzeit.

Sardinen in pikanter Marinade

SARDINES MARINÉES

Zutaten für vier Personen

*800 g ausgenommene Sardinen
ohne Kopf
3 EL Olivenöl
4 EL Weißweinessig
½ l Wasser
2 Knoblauchzehen
1 Lorbeerblatt
1 TL weiße Pfefferkörner
1 TL Korianderkörner
1 kleines Stück rote Chilischote
2 EL gezupftes Koriandergrün
4 kleine Lauchzwiebeln
Salz, frisch gemahlener Pfeffer
2 EL Tomatenwürfel als Garnitur*

Zubereiten

☆ Von den ausgenommenen Sardinen mit einem Tuch die Schuppen abreiben und die Mittelgräte mit den daran hängenden kleinen Gräten vorsichtig herausziehen. Die Sardinen abspülen und trockentupfen. Mit Salz und frisch gemahlenem Pfeffer innen und außen würzen.

☆ Das Olivenöl in einer Pfanne erhitzen und darin die Sardinen von allen Seiten goldbraun anbraten. Herausnehmen und in eine flache Porzellanschale in einer Schicht einlegen.

☆ Das mit dem Essig versetzte Wasser aufkochen und die grob zerdrückten, aber ungeschälten Knoblauchzehen, das Lorbeerblatt, die zerdrückten Pfeffer- und Korianderkörner sowie das feingehackte Stück Chilischote zufügen. Auf kleiner Flamme etwa 10 Minuten kochen und abkühlen lassen.

☆ Die abgekühlte Marinade nochmals aufkochen, salzen und über die Sardinen gießen. Mit dem fein gezupften Koriandergrün sowie den in diagonale Abschnitte geteilten Lauchzwiebeln bestreuen. Mit Frischhaltefolie abdecken und etwa 4 Stunden marinieren.

☆ Die Sardinen — mit etwas Marinade übergossen und mit einigen Tomatenwürfeln bestreut — zu Vollkorntoast oder als Beilage zu einem gemischten Salat servieren.

Steinbutt-Tatar

TARTARE DE TURBOT

Zutaten für vier Personen
250 g Steinbuttfilet
6 Wachteleigelb
1 EL Zitronensaft
1 EL Olivenöl
Salz, frisch gemahlener
weißer Pfeffer
1 EL fein geschnittener
Schnittlauch
grob gemahlener weißer Pfeffer
Paprikapulver
Seesalz als Garnitur

Zubereiten

☆ Mit einem schweren scharfen Messer das sorgfältig entgrätete Steinbuttfilet sehr fein hacken.

☆ In einer Schüssel mit 2 Wachteleigelb, dem Zitronensaft und dem Olivenöl vermischen. Mit Salz und frisch gemahlenem Pfeffer abschmecken, zudecken und im Kühlschrank etwa 30 Minuten durchziehen lassen.

☆ Das Tatar nochmals abschmecken und auf vier Teller verteilen. Als Form dafür kann man einen runden Keksausstecher verwenden.

☆ In die Mitte des Steinbutt-Tatars jeweils eine kleine Vertiefung drücken und dahin 1 Wachteleigelb plazieren. Mit etwas fein geschnittenem Schnittlauch, grob gemahlenem weißem Pfeffer, Paprikapulver und Seesalz umlegen.

Hinweis
Immer wenn Fisch roh gegessen wird, muß er von allerbester Qualität und absolut fangfrisch sein.

Steinbutt im Filoteig mit Champagner-Sabayon

Zutaten für vier Personen
*Fischsabayon aus den auf
Seite 25 angegebenen Zutaten
500 g Steinbuttfilet
Salz, frisch gemahlener Pfeffer
4 große Rechtecke Filoteig
(siehe Seite 33)
2–3 hellgrüne Lauchblätter
40 g flüssige Butter
100 ml Champagner*

Zubereiten

☆ Den Fischsabayon zubereiten, wie auf Seite 25 angegeben ist, und warm halten.

☆ Das sorgfältig entgrätete Steinbuttfilet in Würfel schneiden und mit Salz und frisch gemahlenem Pfeffer würzen.

☆ Die Fischwürfel auf die Mitte der 4 Filoteig-Rechtecke verteilen und diese zu kleinen Beuteln falten.

☆ Die Lauchblätter in lange dünne Streifen schneiden, blanchieren und trockentupfen. Mit den Lauchstreifen die gefüllten Teigbeutel verschnüren.

☆ Mit der flüssigen Butter bepinseln und im 190° C heißen Ofen in etwa 10 Minuten knusprig backen.

☆ Inzwischen die warm gehaltene Sauce mit dem Champagner vollenden und im Mixer oder mit dem Handrührgerät schaumig aufschlagen.

☆ Die Steinbuttbeutel auf vier vorgewärmte Teller verteilen und mit dem Champagner-Sabayon umgießen.

Hinweis
Dies ist ein effektvolles Hors d'œuvre. Statt Steinbutt kann jeder andere festfleischige Fisch dazu verwendet werden, aber auch Meeresfrüchte.

Seeteufelmedaillons in Gelee auf Tomatensauce

MÉDAILLONS DE BAUDROIE EN GELÉE AU COULIS DE TOMATES

Zutaten für vier Personen
30 g Butter
200 g Gemüsewürfel (Zwiebeln,
Karotten, Sellerie, Tomaten)
300 ml Tokayer
(oder ein anderer Dessertwein)
500 g abgezogener
Seeteufelschwanz
800 ml Fischfond (siehe Seite 22)
1 EL Weißweinessig
3–4 Eiweiß
4 Blatt Gelatine
Salz, frisch gemahlener Pfeffer
einige Salatblätter
als Garnitur

Für die Tomatensauce
200 g Tomaten
1 EL fein geschnittener
Estragon

Zubereiten

☆ Die Butter in einem flachen weiten Topf erhitzen und die Gemüsewürfel einrühren. Etwa zwei Drittel des Weins zugießen und 2–3 Minuten kochen lassen.

☆ Den abgezogenen Seeteufelschwanz mit Salz und frisch gemahlenem Pfeffer würzen und auf die Gemüsewürfel legen. Zugedeckt etwa 6–8 Minuten dünsten.

☆ Den Fisch herausheben, die Mittelgräte vorsichtig entfernen und das Fischfleisch im Kühlschrank durchkühlen.

☆ Inzwischen den Fischfond zu den Gemüsewürfeln gießen und weitere 3 Minuten kochen lassen. Danach den Weinessig und den restlichen Wein zugießen und mit Salz und frisch gemahlenem Pfeffer kräftig abschmecken. Durch ein Sieb gießen, abkühlen lassen und alles Fett von der Oberfläche abheben.

☆ Um den Fond zu klären, wird das Eiweiß in einem großen Topf halb steif geschlagen. Darüber nun den abgekühlten Fond geben, unter ständigem Rühren langsam zum Kochen bringen und durch ein Passiertuch abseihen.

☆ In dem noch heißen Fond die eingeweichte und gut ausgedrückte Gelatine auflösen. Die Hälfte davon in eine Terrine von 1½ Litern Fassungsvermögen gießen. Auf Eis abkühlen lassen, bis der Aspik anfängt zu gelieren. Danach das Fischfleisch einlegen und mit dem restlichen, im warmen Wasserbad flüssig gehaltenen Aspik auffüllen. Im Kühlschrank fest werden lassen.

☆ Für die Sauce die abgezogenen Tomaten halbieren und die Kerne ausdrücken. Das Fruchtfleisch im Mixer pürieren und mit Salz und frisch gemahlenem Pfeffer würzen. Den fein geschnittenen Estragon einrühren. Die Sauce auf vier Teller verteilen.

☆ Vor dem Anrichten den Fischaspik stürzen und in 2 cm dicke Scheiben schneiden. Mit einem runden Ausstecher aus den Scheiben Medaillons ausstechen und auf die Tomatensauce plazieren. Mit einigen Salatblättern umlegen und servieren.

Marinierter Seeteufel mit Sojabohnensprossen

Zutaten für vier Personen
400 g fangfrischer Seeteufel
8 kleine Lauchzwiebeln
100 g Sojabohnensprossen
1 EL Olivenöl
Meersalz, frisch gemahlener
weißer Pfeffer

Für die Marinade
1 EL Sesamsaat
1 EL Sojasauce
Saft von ½ Zitrone
etwas fein geschnittenes
Koriandergrün

Zubereiten

☆ Den abgezogenen Seeteufelschwanz vorsichtig entgräten und den Fisch hauchdünn aufschneiden.

☆ Für die Marinade die weißen Sesamkörner leicht anrösten und anschließend im Mörser grob zerstampfen. Mit einem reichlichen Eßlöffel heller Sojasauce, dem Saft einer halben Zitrone und etwas fein geschnittenem Koriandergrün verrühren und mit wenig Salz, aber viel frisch gemahlenem weißem Pfeffer würzen.

☆ Vier Teller mit den Fischscheiben auslegen und diese mit der Marinade bestreichen. Mit Frischhaltefolie abdecken und 15 Minuten im Kühlschrank marinieren.

☆ Unterdessen die Lauchzwiebeln in feine Scheiben schneiden und zusammen mit den Sojabohnensprossen etwa 1½ Minuten im Olivenöl anschwitzen. Mit Meersalz und frisch gemahlenem weißem Pfeffer würzen. Die heißen Lauchzwiebeln und Sojabohnensprossen über den marinierten Fisch geben und sofort servieren.

Hinweis
Diese delikate und ganz einfache Vorspeise
sollte man nur aus absolut fangfrischem Fisch
zubereiten.

Gedämpftes Wolfsbarschfilet mit Kaviarsauce

FILET DE LOUP DE MER À LA VAPEUR, SAUCE AU CAVIAR

Zutaten für vier Personen
600 g Wolfsbarschfilet mit Haut
Salz, frisch gemahlener Pfeffer

Für die Kaviarsauce
50 ml trockener Weißwein
150 ml Fischfond (siehe Seite 22)
150 ml Crème double
20 g kalte Butter
25 g Kaviar
50 ml Champagner

Zubereiten

☆ Für die Sauce wird der trockene Weißwein zusammen mit dem Fischfond zum Kochen gebracht und auf großer Flamme schnell auf die Hälfte eingekocht. Die Crème double einrühren und den Fond zu einer sämigen Sauce einkochen. Abseits der Hitze die eiskalte Butter flockenweise einschlagen. Die Sauce abschmecken und warm halten.

☆ Kurz vor dem Anrichten wird die Sauce mit dem Schnellmixstab schaumig aufgeschlagen. Vorsichtig den Kaviar einrühren, ohne ihn zu zerdrücken. Die Sauce mit dem Champagner vollenden und nochmals mit Salz und frisch gemahlenem Pfeffer abschmecken.

☆ Das Wolfsbarschfilet in vier Stücke schneiden und mit etwas Salz und frisch gemahlenem Pfeffer bestreuen. Anschließend etwa 1½ Minuten über Dampf garen.

☆ Je zwei Filetstücke auf die vier vorgewärmten Teller verteilen und mit der Sauce umgießen.

Hinweis
Wolfsbarsch ist einer der delikatesten Speisefische.
Man kann dazu Blattspinat und neue Kartoffeln
reichen.

Petersfischfilets auf Tomatenwürfeln

FILETS DE SAINT-PIERRE SANS NOM

Zutaten für vier Personen

4 Petersfischfilets
von je etwa 180 g
20 g weiche Butter
200 ml Fischfond (siehe Seite 22)
50 ml trockener Weißwein
150 ml Sahne
etwas Zitronensaft
200 g Tomatenwürfel
1 EL Olivenöl
Salz, frisch gemahlener Pfeffer
etwas gezupfter Kerbel
als Garnitur

Zubereiten

☆ Die nicht gehäuteten Petersfischfilets mit Salz und frisch gemahlenem Pfeffer würzen und in eine mit weicher Butter ausgestrichene, feuerfeste Form legen. Den Fischfond sowie den Weißwein angießen und auf dem Ofen zum Kochen bringen. Mit gebuttertem Pergamentpapier bedecken und im 200° C heißen Ofen etwa 4–5 Minuten pochieren.

☆ Den Fisch herausheben und warm halten. Den Fischfond in eine kleine Kasserolle abgießen und schnell auf die Hälfte einkochen. Die Sahne einrühren und nochmals aufkochen. Im Mixer oder mit dem Handrührgerät schaumig aufschlagen und mit etwas Zitronensaft sowie Salz und frisch gemahlenem Pfeffer abschmecken.

☆ Die Tomatenwürfel (aus abgezogenen und entkernten Tomaten) im Olivenöl etwa 3 Minuten sautieren. Mit Salz und frisch gemahlenem Pfeffer würzen.

☆ Die Tomatenwürfel auf vier vorgewärmte Teller verteilen und mit den Petersfischfilets belegen. Mit der Sauce umgießen und mit etwas gezupftem Kerbel garnieren.

Petersfischfilets mit Gemüsestreifen

FILETS DE SAINT-PIERRE AUX JULIENNES DE LÉGUMES

Zutaten für vier Personen

4 Petersfischfilets zu je 200 g
100 g geschälte Kartoffeln
100 g frische oder
10 g getrocknete Morcheln
50 g Butter
100 g feine Lauchstreifen
(nur das Weiße vom Lauch)
80 g feine Selleriestreifen
200 ml Sahne
Salz, frisch gemahlener
weißer Pfeffer
1 EL fein geschnittener
Schnittlauch

Zubereiten

☆ Die Filets in breite Querstreifen schneiden; im Ganzen lassen, wenn es dünne Filets sind. Mit Salz und frisch gemahlenem weißem Pfeffer würzen.

☆ Die geschälten Kartoffeln in kleine gleichmäßige Würfel schneiden und in Salzwasser halbgar kochen. Herausnehmen und abtropfen lassen.

☆ Unterdessen die Morcheln gründlich waschen – getrocknete Morcheln anschließend in etwas lauwarmem Wasser einweichen. Danach die Stengel wegschneiden und die Morcheln halbieren.

☆ Etwa 50 ml Wasser in eine Kasserolle geben, leicht salzen und zum Kochen bringen. Die Butter, die halbierten Morcheln, die feinen Lauch- und Selleriestreifen sowie die vorgegarten Kartoffelwürfel zufügen. Die gewürzten Fischfilets darüberlegen und zugedeckt über reduzierter Hitze etwa 4–6 Minuten dünsten. Anschließend den Fisch herausheben und warm halten.

☆ In einem kleinen Topf die Sahne auf die Hälfte reduzieren, in die Gemüsemischung rühren und nochmals abschmecken.

☆ Das Gemüse mit der Sauce auf vier vorgewärmte Teller verteilen und darüber die Fischfilets legen. Mit fein geschnittenem Schnittlauch bestreuen und sofort servieren.

Hinweis

Statt Petersfisch kann man auch jeden anderen weißen festfleischigen Fisch nehmen wie etwa Heilbutt oder Seeteufel.

Rotbarbenfilets in der Salzkruste

FILETS DE ROUGET À GROS SEL

Zutaten für vier Personen
8 Rotbarbenfilets mit Haut
von je 60 g
1 EL fein geschnittener Estragon
1 EL fein gezupfter Kerbel
1 EL fein gehackter Rosmarin
frisch gemahlener Pfeffer

Für die Salzkruste
1 kg grobes Meersalz
1 Eiweiß
50 ml Wasser

Zubereiten
☆ Die Rotbarbenfilets nicht abziehen, aber sorgfälgig nach eventuell noch vorhandenen Gräten absuchen. Auf beiden Seiten mit frisch gemahlenem Pfeffer würzen und mit den Kräutern bestreuen.

☆ Für die Salzkruste das Eiweiß mit dem Wasser aufschlagen und mit dem groben Meersalz vermischen.

☆ Die Hälfte dieser Salzmasse auf ein Backblech streichen. Darauf die Rotbarbenfilets mit der Hautseite nach oben legen und mit der restlichen Salzmischung bedecken.

☆ Im 190° C heißen Ofen etwa 8–12 Minuten backen. Anschließend die Salzkruste aufschlagen und die Filets vorsichtig herauslösen.

☆ Die Filets auf eine vorgewärmte Servierplatte legen und nach Belieben mit Zitronenachteln garnieren.

Hinweis
Eine Kräutersauce (siehe Seite 28) kann getrennt dazu gereicht werden.

Makrelenröllchen mit Orangen und Zitronenmelisse

PAUPIETTES DE MAQUERAU À L'ORANGE ET À LA MÉLISSE

Zutaten für vier Personen
4 Makrelenfilets von je 120 g
Salz, frisch gemahlener Pfeffer
Saft von 2 Orangen
75 ml trockener Weißwein
15 g weiche Butter

Für die Füllung
1 Schalotte
25 g Butter
3 EL weiche Weißbrotkrumen
abgeriebene Schale einer halben
ungespritzten Orange
2 EL fein geschnittene
Zitronenmelisse
1 EL fein geschnittener
Schnittlauch
etwas Orangen- und Zitronensaft

Für die Sauce
100 ml Fischfond (siehe Seite 22)
100 ml Sahne
50 g kalte Butter
etwas Zitronensaft
Karottenkugeln und etwas
Zitronenmelisse als Garnitur

Zubereiten

☆ Für die Füllung die fein gewürfelte Schalotte in 25 Gramm Butter glasig dünsten und abkühlen lassen. Die frischen Weißbrotkrumen mit der abgeriebenen Orangenschale, der fein geschnittenen Zitronenmelisse und dem Schnittlauch vermischen. Die Schalottenwürfel zufügen und die Masse mit etwas Orangen- und Zitronensaft binden. Mit Salz und frisch gemahlenem Pfeffer abschmecken.

☆ Die Makrelenfilets nicht häuten und die Schwanzflossen nicht abschneiden. Mit Salz und frisch gemahlenem Pfeffer würzen. Die Füllung auf die breiten Enden der Filets verteilen und die Filets zum Schwanzende hin aufrollen. Mit einem hölzernen Cocktailspießchen feststecken.

☆ Die gefüllten Makrelenröllchen in eine gebutterte feuerfeste Schüssel geben und mit je einem Butterflöckchen belegen. Den Orangensaft und den Wein angießen und auf dem Ofen zum Kochen bringen. Anschließend im 190° C heißen Backofen in 8–12 Minuten fertig garen. Die Makrelenröllchen herausheben und warm halten.

☆ Den Pochierfond durch ein Sieb gießen, den Fischfond zufügen und auf ein Viertel einkochen lassen. Danach die Sahne einrühren, aufkochen und noch 3–4 Minuten weiterkochen lassen. Abseits vom Herd die kalte Butter flockenweise einschwenken. Die Sauce durch ein Sieb passieren und mit Salz, frisch gemahlenem Pfeffer sowie etwas Zitronensaft abschmekken.

☆ Die Makrelenröllchen auf vier vorgewärmte Teller legen, mit der Sauce überziehen und mit blanchierten Karottenkugeln und etwas Zitronenmelisse garnieren.

Ravioli mit Meeresfrüchten auf drei Saucen

RAVIOLI DE FRUITS DE MER AUX TROIS SAUCES

Zutaten für vier Personen
Eiernudelteig aus den
auf Seite 34 angegebenen Zutaten
Sepianudelteig aus den
auf Seite 36 angegebenen Zutaten
1 Eigelb

Für die Füllung
150 g Hechtfilet
Salz, Pfeffer, Cayennepfeffer,
Muskatnuß
100 ml Sahne
8 Jakobsmuscheln
(nur die weiße Nuß)
100 g Lachsfilet
10 g fein gehackte Trüffel
(nach Belieben)

Für die Sahnesauce
100 ml Fischfond (siehe Seite 22)
100 ml Sahne
½ Menge Tomatencoulis
(siehe Seite 31)
½ Menge Safransauce
(siehe Seite 27)
etwas Schnittlauch
als Garnitur

Zubereiten
☆ Die beiden Nudelteige zubereiten und etwa 1 Stunde kühl gestellt ruhen lassen.

☆ Inzwischen die Füllung fertigstellen: Dafür das gut gekühlte Hechtfilet in der Küchenmaschine fein zerkleinern und mit Salz, frisch gemahlenem Pfeffer, Muskatnuß und Cayennepfeffer würzen. Anschließend in einer Metallschüssel auf Eis setzen und mit einem Holzlöffel die eiskalte Sahne einarbeiten. Danach durch ein feines Sieb treiben und nochmals abschmekken. Die Jakobsmuscheln und das Lachsfilet salzen, fein würfeln und nach Belieben zusammen mit etwas fein gehackter Trüffel unter die Farce ziehen.

☆ Den Nudelteig dünn ausrollen und Kreise von etwa 8 cm Durchmesser ausstechen. Je 1 Eßlöffel Farce auf die Mitte der Kreise setzen. Die Ränder mit verquirltem Eigelb bestreichen, die Kreise falten und die Ränder fest aufeinanderdrücken.

☆ Die Ravioli in kochendem Salzwasser in 4–5 Minuten »al dente« kochen. Herausnehmen und auf einem Küchentuch abtropfen lassen.

☆ Für die Sahnesauce den Fischfond auf die Hälfte reduzieren, die Sahne einrühren und sämig einkochen lassen. Mit Salz und frisch gemahlenem Pfeffer abschmecken und warm halten.

☆ Das Tomatencoulis und die Safransauce zubereiten, wie auf den Seiten 31 und 27 beschrieben.

☆ Jeweils einen Eßlöffel der drei verschiedenen Saucen auf vier vorgewärmte Teller plazieren und die Ravioli darauflegen. Mit etwas Schnittlauch garnieren und auftragen.

Marinierte Bratheringe

HARENGS MARINÉS

Zutaten für vier Personen
1 kg grüne Heringe
(ausgenommen, ohne Kopf)
Salz, frisch gemahlener Pfeffer
1 EL Olivenöl
150 g fein gewürfelte Zwiebeln
200 ml Weißweinessig
150 ml Wasser
einige Koriander- und
schwarze Pfefferkörner
1 TL Senfkörner
1 Lorbeerblatt,
2 Salbeiblätter,
einige Karottenscheiben und
etwas Petersilie als Garnitur

Zubereiten

☆ Die vorbereiteten Heringe abspülen und trockentupfen. Innen und außen mit Salz und frisch gemahlenem Pfeffer würzen. Im heißen Olivenöl von jeder Seite 3–4 Minuten goldbraun braten. Aus der Pfanne nehmen und auf Küchenpapier entfetten. Anschließend in eine Porzellanschale legen und mit den fein gewürfelten Zwiebeln bestreuen. Den Essig mit dem Wasser, etwas Salz, einigen zerdrückten Koriander- und schwarzen Pfefferkörnern, den Senfkörnern, dem Lorbeerblatt und den Salbeiblättern aufkochen. Abkühlen lassen und über die gebratenen Heringe gießen.

☆ Mit Frischhaltefolie abdecken und mindestens 2 Stunden kühl gestellt marinieren.

☆ Die marinierten Bratheringe anschließend quer in breite Streifen schneiden und mit den blanchierten Karottenscheiben und etwas Petersilie garnieren.

Matjesheringe in Zwiebelmarinade

Zutaten für vier Personen
4 Matjesheringe
von je etwa 180 g
250 ml Milch
frisch gemahlener Pfeffer
Paprikapulver
1 EL fein geschnittener
Schnittlauch

Für die Marinade
150 ml saure Sahne
2 kleine Zwiebeln
½ grünschaliger Apfel
½ rotschaliger Apfel

Zubereiten

☆ Die Matjesheringe sorgfältig entgräten, quer in Streifen schneiden und 1 Stunde in Milch legen.

☆ Inzwischen die Marinade bereiten. Dazu die Zwiebeln in dünne Ringe schneiden. Einige kleine Zwiebelringe für die Garnitur zurückbehalten. Die gewaschenen Äpfel ungeschält vierteln und die Kerngehäuse entfernen. Die Viertel in dünne Querstreifen schneiden und zusammen mit den Zwiebelringen in die saure Sahne mischen.

☆ Die Matjesstreifen aus der Milch heben, abtropfen lassen und mit frisch gemahlenem Pfeffer sowie einer Prise Paprikapulver würzen. In die Marinade legen, zudecken und mindestens 4 Stunden ziehen lassen.

☆ Die marinierten Matjesheringe auf vier Teller verteilen, mit dem Schnittlauch bestreuen und mit den zurückbehaltenen, in Paprikapulver gewälzten Zwiebelringen belegen.

Hinweis
Neue Kartoffeln, aber auch Pumpernickel und Vollkornbrot schmecken zu diesem Gericht besonders gut.

Heringsfilets mit Tomatenwürfeln und Senf

DÉLICE DE HARENGS AUX TOMATES ET MOUTARDE

Zutaten für vier Personen
*4 grüne Heringe
von je etwa 200 g
1 EL Estragonsenf
etwas frischer Thymian
1 kleine Schalotte
200 g Tomatenwürfel
2 EL Fischfond (siehe Seite 22)
Salz, frisch gemahlener Pfeffer
etwas frischer Estragon
als Garnitur*

Zubereiten

☆ Die Heringe ausnehmen und die Flossen abschneiden. Vom Kopf aus die Rückengräte fassen und samt den daranhängenden feinen Gräten vorsichtig herausziehen und am Schwanzende abtrennen. Kopf und Kiemen entfernen, die Haut abziehen und die noch vorhandenen Gräten mit einer Pinzette herausziehen.

☆ Die Filets abspülen und trockentupfen. In die Filets auf der Hautseite in Abständen von etwa 2 cm quer kleine Einschnitte machen. Mit Salz und frisch gemahlenem Pfeffer würzen und die Innenseite mit etwas Estragonsenf bestreichen. Die Filets kühl gestellt etwa 30 Minuten ruhen lassen.

☆ Anschließend in eine beschichtete Pfanne geben, mit etwas fein gehacktem frischem Thymian bestreuen und auf jeder Seite etwa 2 Minuten goldbraun braten. Herausnehmen und warm halten. In derselben Pfanne die feingewürfelte Schalotte glasig andünsten, eventuell etwas Butter zufügen. Danach die Tomatenwürfel und den Fischfond einrühren. Mit Salz und frisch gemahlenem Pfeffer würzen und erhitzen.

☆ Die heißen Tomatenwürfel auf vier vorgewärmte Teller verteilen und darauf die Heringsfilets plazieren. Mit frischen Estragonblättchen garnieren und servieren.

Hauptgerichte

Gratinierte Heilbuttschnitzel mit Zucchinistreifen

ESCALOPES DE FLÉTAN AUX COURGETTES

Zutaten für vier Personen
250 ml Fischfond (siehe Seite 22)
600 g Heilbuttfilet
Salz,
frisch gemahlener weißer Pfeffer
100 ml trockener Weißwein
200 ml Sahne
2 EL Crème double
1 Eigelb
300 g Zucchini
30 g weiche Butter
4 EL weiche Weißbrotkrumen
4 EL frisch geriebener
Parmesankäse

Zubereiten

☆ Einen Fischfond zubereiten, wie auf Seite 22 angegeben, und dazu die abgezogene Haut sowie die Gräten des Heilbutts verwenden.

☆ Das Heilbuttfilet schräg in 6 mm dünne Schnitzel schneiden. Mit Salz und frisch gemahlenem weißem Pfeffer würzen.

☆ Den Fischfond zusammen mit dem Weißwein aufkochen und schnell auf die Hälfte einkochen lassen. Danach die Sahne zufügen und nochmals auf die Hälfte einkochen.

☆ Die Crème double mit dem Eigelb verquirlen und damit die Sauce über reduzierter Hitze binden. Mit Salz und frisch gemahlenem Pfeffer abschmecken. Nicht mehr kochen lassen, sonst gerinnt die Sauce.

☆ Die gewaschenen Zucchini längs in 3 mm dünne Streifen schneiden. Diese kurz in Salzwasser blanchieren und abtropfen lassen.

☆ Vier feuerfeste Teller mit der weichen Butter ausstreichen und mit etwas Salz und frisch gemahlenem weißem Pfeffer bestreuen. Die blanchierten Zucchinistreifen falten und um den inneren Tellerrand legen. In die Tellermitte die Heilbuttschnitzel verteilen und mit der Sauce bedecken. Mit den weichen Weißbrotkrumen sowie dem frisch geriebenen Parmesan bestreuen und etwas frisch gemahlenen Pfeffer darübergeben.

☆ Unter dem heißen Grill in etwa 2 Minuten goldgelb überbakken und sofort servieren.

Hinweis
Da die Heilbuttschnitzel sehr dünn sind,
braucht man sie nur kurze Zeit unter dem Grill
zu garen.

Heilbuttfilets auf Rotweinzwiebeln

FILETS DE FLÉTAN AUX OIGNONS ROUGES

Zutaten für vier Personen

300 g fein geschnittene
rote Zwiebeln
100 ml Rotwein (Beaujolais)
1 TL Orangenschalenstreifen
1 TL Honig
4 Stücke Heilbuttfilet
von je etwa 160 g
2 EL Olivenöl
30 g Butter
10 g flüssige Butter
Salz,
frisch gemahlener weißer Pfeffer
4 Estragonspitzen als Garnitur

Zubereiten

☆ Die fein geschnittenen roten Zwiebeln in einen Topf geben, den Rotwein angießen und mit etwas Salz und frisch gemahlenem Pfeffer würzen. Zudecken und über geringer Hitze weichdünsten, dabei mehrmals umrühren. Anschließend die feinstreifig geschnittene Orangenschale von einer unbehandelten Frucht sowie den Honig einrühren und warm halten.

☆ Die Heilbuttfilets mit Salz und frisch gemahlenem weißem Pfeffer würzen.

☆ Das Öl mit 30 Gramm Butter in einer Bratpfanne erhitzen und darin die Heilbuttfilets von jeder Seite etwa 3 Minuten goldbraun anbraten.

☆ Die gedünsteten Rotweinzwiebeln auf vier angewärmte Teller verteilen. Darauf je ein Heilbuttfilet plazieren und mit der flüssigen Butter überglänzen. Mit den Estragonspitzen garnieren und sofort auftragen.

Heilbuttscheiben auf orientalische Art

ÉMINCÉ DE FLÉTAN ORIENTAL

Zutaten für vier Personen

450 g Heilbuttfilet
Saft von 1 Zitrone
Meersalz,
frisch gemahlener weißer Pfeffer
150 ml Fischfond (siehe Seite 22)
2 TL grobkörniger Senf
(moutarde de Meaux)
2 TL scharfer Senf
(moutarde de Dijon)
2 EL Reisweinessig
50 g weißer Rettich
in feinen Streifen
50 g Radieschen in feinen Streifen
50 g feine Karottenstreifen
25 g feine Bleichselleriestreifen
15 g Mandelblätter
etwas kleinblättriger Feldsalat
als Garnitur

Zubereiten

☆ Das Heilbuttfilet schräg in hauchdünne Scheiben aufschneiden. Die Scheiben auf eine flache Platte legen, mit dem Zitronensaft beträufeln und mit etwas Meersalz und frisch gemahlenem weißem Pfeffer bestreuen. Mit Frischhaltefolie abdecken und etwa 10–15 Minuten im Kühlschrank marinieren.

☆ Inzwischen den Fischfond aufkochen, schnell auf etwa 5 Eßlöffel reduzieren und abkühlen.

☆ Die beiden Senfsorten mit dem Reisweinessig sowie dem reduzierten Fischfond verrühren. Mit Salz und frisch gemahlenem Pfeffer abschmecken und bei Raumtemperatur einige Zeit durchziehen lassen.

☆ Die Gemüsestreifen in mit Eiswürfeln versetztes Wasser legen und anschließend auf einem Küchentuch abtropfen lassen.

☆ Die marinierten Heilbuttscheiben auf vier Tellern anrichten, die Senfsauce nochmals durchrühren und über die Fischscheiben geben. Mit den Gemüsestreifen und den vorher leicht angerösteten Mandelblättern bestreuen. Mit einigen gewaschenen und trockengetupften Feldsalatblättchen garnieren und auftragen.

Hinweis

Da der Heilbutt roh mariniert wird, muß er fangfrisch und von bester Qualität sein.

Pochierter Roter Drachenkopf

FILETS DE RASCASSE AU FOUR

Zutaten für vier Personen
4 Rote Drachenköpfe
von je 300 g
2 EL Olivenöl
Saft von 1 Zitrone
1 kleiner Zweig Thymian
½ Lorbeerblatt
1 ungeschälte Knoblauchzehe
2 kleine Schalotten
½ l Wasser
Salz, Cayennepfeffer

Zubereiten

☆ Die Fische filetieren, die Filets abziehen und sorgfältig entgräten. Die Kiemen entfernen und die Köpfe sowie die Rückenflossen für den Fischfond zurückbehalten.

☆ In einen großen Topf das Olivenöl, den Zitronensaft, den Thymianzweig, das Lorbeerblatt, die leicht zerdrückte Knoblauchzehe sowie die fein gewürfelten Schalotten schütten. Zusammen mit den abgespülten und abgetropften Köpfen und Rückenflossen der Fische kurz anschwitzen, ohne Farbe zu geben. Anschließend das Wasser zugießen, zum Kochen bringen und 10 Minuten auf kleiner Flamme kochen lassen.

☆ Danach den Fischfond durch ein feines Sieb abseihen, nochmals aufkochen und auf die Hälfte reduzieren. Mit etwas Salz abschmecken.

☆ Die Filets in eine feuerfeste Form geben, mit Salz und einer Prise Cayennepfeffer würzen und den reduzierten heißen Fischfond angießen. Mit Alufolie abdecken und im 160° C heißen Ofen etwa sechs Minuten pochieren.

☆ Die pochierten Filets in der Form servieren.

Rochenflügel mit zartem Gemüse

AILES DE RAIE À LA JARDINIÈRE ·

Zutaten für vier Personen

*4 Rochenflügelstücke
von je etwa 250 g
Salz, frisch gemahlener Pfeffer
1 l Fischsud (siehe Seite 23)
100 g Butter
2 EL glattblättrige Petersilie
Saft von ½ Zitrone
500 g zartes Gemüse
(Perlzwiebeln, junge Karotten,
kleine Zuckermaiskolben,
weiße Rübchen, Broccoli,
Kirschtomaten,
kleine gelbe Zucchini)
1 Prise Zucker*

Zubereiten

☆ Die Rochenflügel filetieren, indem man am dicken Ende, dem Körperansatz, die Haut und das Fleisch bis auf das knorpelige Skelett einschneidet. Danach das Filet flach vom Skelett schneiden. Mit dem unteren dünnen Filet ebenso verfahren. Anschließend die Haut abziehen und die Sehnen am Körperansatz wegschneiden. Die ausgelösten Filets mit Salz und frisch gemahlenem Pfeffer würzen.

☆ Den Fischsud in einer weiten flachen Kasserolle erhitzen und darin die Filets etwa 8–10 Minuten vorsichtig pochieren.

☆ Unterdessen 60 Gramm Butter schmelzen lassen und die fein geschnittene Blattpetersilie einrühren. Den Zitronensaft zufügen und mit etwas Salz abschmecken.

☆ Das zuvor blanchierte Gemüse glasieren: Dazu eine Prise Zucker sowie etwas Salz in der restlichen Butter vorsichtig erhitzen. Das Gemüse darin wenden und, falls nötig, 1 Eßlöffel Wasser zufügen. Zugedeckt auf mittelgroßer Flamme dünsten, dabei den Topf öter schütteln, damit das Gemüse nicht ansetzt.

☆ Die pochierten Rochenflügel auf vier vorgewärmte Teller verteilen, mit der Petersilienbutter übergießen und mit dem glasierten Gemüse umlegen.

Hinweis

Vom Rochen kommen meist nur die sogenannten Flügel auf den Markt, das sind die großen, mit dem Körper verwachsenen Brustflossen.

Gratinierte Rochenflügel in Sherryessig-Sauce

RAIE AU GRATIN, SAUCE VINAIGRETTE

Zutaten für vier Personen
4 Rochenflügelstücke
von je 180 g
Salz, frisch gemahlener Pfeffer
1 EL Olivenöl
3 kleine Schalotten
250 ml Fischfond (siehe Seite 22)
1 EL Sherryessig
60 g eiskalte Butter
je 1 TL fein geschnittene
Petersilie, Estragon, Kerbel,
Schnittlauch
15 g Kapern
15 g Cornichons

Zubereiten

☆ Die Rochenflügelstücke etwa 30 Sekunden in kochendem Salzwasser blanchieren, herausnehmen, handwarm abkühlen lassen und sorgfältig häuten.

☆ Den Fisch mit Salz und frisch gemahlenem Pfeffer würzen.

☆ In einer beschichteten Pfanne das Öl erhitzen und den Fisch samt dem Saft, den er gezogen hat, zufügen. Den Fisch auf jeder Seite etwa 3−4 Minuten, je nach Dicke der Stücke, braten. Herausnehmen und warm halten.

☆ Für die Sauce die fein gewürfelten Schalotten in die Pfanne geben und den Fischfond sowie den Sherryessig einrühren. Dabei den Bratensatz mit einem Holzlöffel ablösen und mit der Flüssigkeit verrühren. Diese schnell auf ein Viertel reduzieren. Vom Feuer nehmen und die eiskalte Butter flöckchenweise einrühren. Anschließend die Sauce nochmals vorsichtig erwärmen und die fein geschnittenen Kräuter sowie die Kapern und die fein gehackten Cornichons einrühren. Mit Salz und frisch gemahlenem Pfeffer abschmecken.

☆ Die Rochenflügel auf vier vorgewärmte Teller verteilen, mit der Sauce überziehen und unter dem heißen Grill in etwa 1 Minute Farbe annehmen lassen. Sofort servieren.

Thunfischsteaks Teriyaki

STEAK DE THON TERIYAKI

Zutaten für vier Personen
4 Thunfischsteaks
von je etwa 150 g
1 EL Sojasauce
3 EL Mirin
3 EL Sake
1 TL brauner Zucker
80 ml Fischfond (siehe Seite 22)
Salz, frisch gemahlener Pfeffer

Zubereiten

☆ Die Thunfischsteaks abspülen, trockentupfen und in eine Glasschüssel legen.

☆ In einer kleinen Kasserolle Sojasauce, Mirin, Sake, Zucker und Fischfond verrühren und kurz aufkochen. Abkühlen lassen und über die Thunfischsteaks gießen. Zugedeckt etwa 15–20 Minuten marinieren.

☆ Anschließend die Thunfischsteaks unter einem mäßig heißen Grill von jeder Seite etwa 5 Minuten grillen, dabei drei- bis viermal mit der Marinade bestreichen, damit der Fisch eine schöne braune Glasur bekommt. Anschließend sofort auf vorgewärmten Tellern auftragen.

Hinweis

Sake, ein Reiswein, und Mirin, ein süßer Reiswein mit niedrigem Alkoholgehalt, der ausschließlich zum Aromatisieren von Speisen in der japanischen Küche benutzt wird, sind in Spezialitätengeschäften erhältlich.

Seeteufel in Senfsauce

Zutaten für vier Personen
4 Scheiben Seeteufel
von je etwa 150 g
Salz, frisch gemahlener Pfeffer
Mehl zum Bestäuben
1 EL Olivenöl
20 g Butter
etwas glattblättrige Petersilie
als Garnitur

Für die Senfsauce
je 40 g kleine Karotten-,
Lauch- und Selleriewürfel
20 g Butter
250 ml Fischfond (siehe Seite 22)
60 g eiskalte Butter
1 EL Dijon-Senf
1 EL glattblättrige Petersilie

Zubereiten

☆ Für die Sauce die kleingewürfelten Gemüse in 20 Gramm Butter anschwitzen, jedoch keine Farbe annehmen lassen. Den Fischfond zugießen und schnell auf die Hälfte einkochen lassen. Vom Feuer nehmen und die eiskalte Butter flöckchenweise mit dem Rührbesen einschlagen, um die Sauce zu binden. Anschließend den Dijon-Senf und die fein geschnittene Petersilie einrühren. Abschmecken und warm halten.

☆ Die Seeteufelscheiben mit Salz und frisch gemahlenem Pfeffer würzen und mit etwas Mehl bestäuben. In einer Pfanne das Olivenöl sowie 20 Gramm Butter erhitzen und darin den Fisch — 4—5 Minuten von jeder Seite — goldbraun braten.

☆ Die Sauce auf vier vorgewärmte Teller verteilen und darauf die Seeteufelscheiben plazieren. Mit etwas glattblättriger Petersilie garnieren und sofort servieren.

Seeteufel vom Rost mit warmer Vinaigrette

QUEUE DE LOTTE GRILLÉE À LA VINAIGRETTE

Zutaten für vier Personen

4 abgezogene Seeteufelschwänze
von je etwa 200 g
1 EL Olivenöl
Salz, frisch gemahlener Pfeffer

Für die Vinaigrette

100 ml Olivenöl
50 ml Rotweinessig
150 g Tomatenwürfel
je 1 EL fein geschnittenes
Basilikum, Dill, Schnittlauch
10 Korianderkörner
4 Basilikumblättchen als Garnitur

Zubereiten

☆ Für die Sauce das Olivenöl und den Rotweinessig miteinander verquirlen. Anschließend die Tomatenwürfel, die fein geschnittenen Kräuter sowie die im Mörser zerdrückten Korianderkörner zufügen und mit Salz und frisch gemahlenem Pfeffer abschmecken. Vorsichtig über gelinder Hitze oder im Wasserbad erwärmen.

☆ Die Seeteufelschwänze abspülen und mit Küchenpapier trockentupfen. Anschließend mit Salz und frisch gemahlenem Pfeffer würzen und mit etwas Olivenöl bestreichen. Unter dem vorgeheizten Grill etwa 4 Minuten von jeder Seite grillen.

☆ Den gegrillten Fisch auf vier vorgewärmte Teller verteilen und mit der warmen Vinaigrette umgießen. Mit einigen Basilikumblättchen garnieren und sofort auftragen.

Forellenfilets im Filoteig

Zutaten für vier Personen

250 ml Hummersauce
(siehe Seite 30)
4 Forellenfilets von je 100 g
Salz, frisch gemahlener Pfeffer
80 g fein geschnittener Lauch
20 g Butter
100 g entstielte Spinatblätter
100 g Champignons
8 Filoteig-Rechtecke
(siehe Seite 33)
8 lange Schnittlauchstengel

Zubereiten

☆ Eine Hummersauce zubereiten, wie auf Seite 30 beschrieben wird.

☆ Die abgezogenen und sorgfältig entgräteten Forellenfilets quer in je 4 Streifen schneiden und mit Salz und frisch gemahlenem Pfeffer würzen.

☆ Die feinen Lauchstreifen kurz blanchieren und gründlich abtropfen lassen In der Butter fast gar dünsten. Danach die ebenfalls blanchierten und gut ausgedrückten Spinatblätter sowie die feingehackten Champignons einrühren und kurz dünsten. Mit Salz und frisch gemahlenem Pfeffer würzen.

☆ In die Mitte jedes der 8 Filoteig-Rechtecke etwas von der Spinatmischung geben. Darauf je 2 Forellenstreifen legen und mit etwas Spinatmischung bedecken. Kleine Beutel formen und mit den Schnittlauchstengeln zusammenbinden.

☆ Die gefüllten Beutel auf ein gefettetes Backblech setzen und im 200° C heißen Ofen in ungefähr 8 Minuten goldbraun und knusprig backen.

☆ Die Hummersauce mit dem Schnellmixstab schaumig aufschlagen und auf vier vorgewärmte Teller verteilen. Darauf jeweils zwei gefüllte Beutel plazieren und sofort servieren.

Hinweis

Man kann anstatt der Hummersauce auch eine Kräutersauce (siehe Seite 28) verwenden.

Bachforelle auf Lauchstreifen

Zutaten für vier Personen
8 Bachforellenfilets
von je etwa 80 g
Salz, frisch gemahlener
weißer Pfeffer
1 EL Erdnußöl
15 g Butter
1 EL feines Speiseöl
200 g fein geschnittener
junger Lauch
250 ml Magermilchjoghurt
1 Prise Cayennepfeffer
einige Spritzer Angostura

Zubereiten

☆ Die enthäuteten Forellenfilets mit Salz und frisch gemahlenem weißem Pfeffer würzen und mit dem Erdnußöl beträufeln. Etwa 30 Minuten kühl gestellt marinieren.

☆ Anschließend die Filets in der Butter-Öl-Mischung von jeder Seite etwa 1 Minute braten. Auf Küchenpapier entfetten und warm halten.

☆ Inzwischen die zarten Lauchstreifen blanchieren und in dem mit einer Prise Cayennepfeffer und einigen Spritzern Angostura gewürzten Joghurt erwärmen. Mit Salz und frisch gemahlenem weißem Pfeffer abschmecken.

☆ Die warme Joghurtsauce auf vier vorgewärmte Teller verteilen und darüber je zwei Forellenfilets plazieren. Nach Belieben mit neuen Kartoffeln servieren.

Lachsforelle mit Kaiserschoten auf Hummersauce

Zutaten für vier Personen
Hummersauce aus den auf
Seite 30 angegebenen Zutaten
200 g Kaiserschoten
4 Lachsforellenfilets
von je etwa 150 g
50 g Butter
Salz,
frisch gemahlener weißer Pfeffer

Zubereiten

☆ Eine Hummersauce zubereiten, wie auf Seite 30 beschrieben wird, und warm halten.

☆ Die Kaiserschoten putzen, blanchieren und kalt abschrekken. Anschließend in feine Längsstreifen schneiden.

☆ Die Lachsforellenfilets nicht häuten, aber sorgfältig nach eventuell noch vorhandenen Gräten absuchen. Die Filets trockentupfen und mit Salz und frisch gemahlenem weißem Pfeffer würzen. In 40 Gramm Butter von jeder Seite 2 Minuten braten.

☆ Inzwischen die Kaiserschoten-Streifen in der restlichen Butter erhitzen und leicht mit Salz und frisch gemahlenem weißem Pfeffer würzen.

☆ Auf vier vorgewärmte Teller je ein Lachsforellenfilet plazieren, mit den Kaiserschoten-Streifen bestreuen und mit der heißen Hummersauce umgießen.

Forellenfilets in Dezaley-Sauce

Zutaten für vier Personen
8 Forellenfilets von je etwa 80 g
Salz, frisch gemahlener Pfeffer
etwas weiche Butter
je 40 g fein geschnittene
Lauch- und Selleriestreifen
150 ml Dezaley-Wein
150 ml Fischfond (siehe Seite 22)
1 TL Speisestärke
100 g kalte Butter
2 EL fein geschnittener
Schnittlauch

Zubereiten

☆ Die enthäuteten Forellenfilets mit Salz und frisch gemahlenem Pfeffer würzen. Eine feuerfeste Form mit etwas weicher Butter ausstreichen und mit den feinen Lauch- und Selleriestreifen ausstreuen. Darüber die Forellenfilets legen und den Dezaley-Wein, einen trockenen Schweizer Weißwein mit zartem Bukett, sowie den Fischfond angießen. Auf dem Ofen zum Kochen bringen. Mit gebuttertem Pergamentpapier abdecken und im 180° C heißen Ofen etwa 3 Minuten pochieren. Die Filets und die Gemüsewürfel herausheben und warm halten.

☆ Den Pochierfond in eine kleine Kasserolle abseihen, auf einen Viertelliter einkochen und mit der Speisestärke, die zuvor in etwas kaltem Waser angerührt wurde, andicken. Abseits vom Herd die kalte Butter flöckchenweise einschwenken.

☆ Anschließend den fein geschnittenen Schnittlauch einrühren und die Weinsauce mit Salz und frisch gemahlenem Pfeffer abschmecken.

☆ Die Forellenfilets auf vier vorgewärmte Teller verteilen, mit der Sauce überziehen und mit Salzkartoffeln servieren.

Lachsschnitzel auf Schnittlauchcreme

SAUMON D'ÉCOSSE PCÊLÉ À LA CRÈME DE CIBOULETTE

Zutaten für vier Personen
4 Schnitzel vom schottischen
Wildlachs von je etwa 150 g
15 g Butter
Salz, frisch gemahlener Pfeffer

Für die Schnittlauchcreme
100 ml Fischfond (siehe Seite 22)
50 ml trockener Weißwein
1 EL Noilly Prat
1 fein gewürfelte Schalotte
150 ml Sahne
20 g kalte Butter
1 EL fein geschnittener
Schnittlauch

Zubereiten

☆ Für die Sauce den Fischfond, den Weißwein, den Noilly Prat sowie die fein gewürfelte Schalotte in eine kleine Kasserolle geben, aufkochen und die Flüssigkeit auf ein Viertel reduzieren. Die Sahne in die Reduktion einrühren und zur sämigen Konsistenz einkochen. Anschließend die kalte Butter flockenweise mit dem Rührbesen einschwenken. Die Sauce durch ein Sieb passieren und mit Salz und frisch gemahlenem Pfeffer abschmecken. Anschließend mit dem Schnellmixstab schaumig aufschlagen und der fein geschnittenen Schnittlauch einrühren. Die Sauce — am besten im Wasserbad — warm halten.
☆ Die Lachsschnitzel auf beiden Seiten mit Salz und frisch gemahlenem Pfeffer würzen und in der heißen Butter in einer beschichteten Pfanne nur auf einer Seite kurz anbraten.
☆ Die Schnittlauchcreme auf vier vorgewärmte Teller verteilen, die Lachsschnitzel — mit der rohen Seite nach oben — in die Mitte plazieren und sofort servieren.

Hinweis
Für dieses Gericht sollte nur fangfrischer Lachs
von bester Qualität verwendet werden.

Lachsforellenschnitzel mit Preiselbeeren

ESCALOPES DE TRUITES SAUMONÉES AUX CANNEBERGES

Zutaten für vier Personen
4 Lachsschnitzel zu je 140 g
Salz, frisch gemahlener Pfeffer
etwas weiche Butter
4 EL trockener Weißwein

Für die Sauce
50 g Preiselbeeren
1 Limette
etwas Zucker
120 ml trockener Weißwein
400 ml Fischfond aus
Lachsforellengräten und -haut
(siehe Seite 22)
1 kleine Schalotte
250 ml Sahne
60 g eiskalte Butter

Zubereiten

☆ Die Lachsforellenfilets mit etwas Salz und frisch gemahlenem Pfeffer würzen und in eine mit weicher Butter ausgestrichene ofenfeste Form geben. Mit 4 Eßlöffeln trockenem Weißwein übergießen und mit Aluminiumfolie abdecken. Im 180° C heißen Ofen etwa 10−12 Minuten pochieren.

☆ Für die Sauce die Preiselbeeren mit 1−2 Eßlöffeln Wasser in einen kleinen Topf geben. Die Limettenschale mit einem Sparschäler dünn abschälen, in feine Streifen schneiden und zusammen mit dem Saft der Limette sowie etwas Zucker zu den Preiselbeeren geben. Aufkochen lassen, etwa 3 Minuten dünsten, danach die Preiselbeeren − sie sollten nicht zerkochen − sowie die Limettenschalen herausheben.

☆ Inzwischen den Weißwein mit dem Fischfond und der fein gewürfelten Schalotte aufkochen und auf ein Viertel reduzieren. Die Sahne einrühren, nochmals aufkochen und anschließend durch ein feines Sieb passieren. Abseits vom Feuer die eiskalte Butter in kleinen Flocken einrühren, mit Salz und frisch gemahlenem Pfeffer abschmecken und die Preiselbeeren sowie die Limettenschale zufügen.

☆ Die Lachsforellenschnitzel auf vier vorgewärmte Teller verteilen und mit der Sauce umgießen.

Warmer schottischer Wildlachs mit Olivenöl

SAUMON D'ÉCOSSE TIÈDE À L'HUILE D'OLIVE

Zutaten für vier Personen
800 g Filet vom schottischen Wildlachs aus dem Mittelstück mit Haut
1 EL Olivenöl
1/2 TL grobes Meersalz
4 Stiele Kerbel oder Dill als Garnitur

Zubereiten

☆ Das nicht gehäutete Lachsfilet in vier gleichmäßige Stücke schneiden, mit der Hälfte des Olivenöls bepinseln und mit dem groben Meersalz bestreuen.

☆ Den Fisch unter einen mäßig heißen Grill legen und von jeder Seite 2 Minuten grillen. Die Haut soll knusprig und das Fleisch gerade durchgewärmt sein.

☆ Die Lachsstücke auf vier vorgewärmte Teller legen, mit dem restlichen Olivenöl überglänzen und mit etwas gezupftem Kerbel oder Dill garnieren. Mit Salzkartoffeln, gedünsteten Zucchini oder Gurken servieren.

Hinweis

Dies ist ein dänisches Rezept, wobei der Lachs gleichsam im eigenen Fett, das sich zwischen Haut und Fleisch befindet, gegart wird. In Dänemark serviert man dazu dünne Gurkenscheiben, die 24 Stunden in mit Salz, Zucker und Essig versetztem Wasser mariniert und anschließend trockengetupft wurden.

Schottischer Wildlachs vom Rost mit Gemüseragout

SAUMON D'ÉCOSSE GRILLÉ AUX LÉGUMES

Zutaten für vier Personen
8 Filetstücke vom
schottischen Wildlachs
von je etwa 50 g
1 EL Olivenöl
Salz, frisch gemahlener Pfeffer

Für das Gemüseragout
40 g Zucchiniwürfel
je 40 g gewürfelte grüne
rote und gelbe Paprikaschoten
50 g gewürfelte Auberginen
20 g Butter
4 Basilikumblätter
24 Blättchen vom Feldsalat

Zubereiten
☆ Für das Ragout werden die Gemüsewürfel in der Butter etwa 5–6 Minuten gedünstet, sie sollen dabei ziemlich knackig bleiben. Die Basilikumblätter in sehr feine Streifchen schneiden und in das Ragout einrühren. Mit Salz und frisch gemahlenem Pfeffer abschmecken und warm halten.

☆ Den Lachs mit Olivenöl bestreichen und mit Salz und frisch gemahlenem Pfeffer würzen.

☆ Unter einem nicht zu heißen Grill von jeder Seite etwa 2 Minuten grillen.

☆ Auf vier vorgewärmte Teller je zwei Lachsstücke plazieren und etwas Gemüseragout dazulegen. Mit den gewaschenen und trockengetupften Feldsalatblättern garnieren und auftragen.

handwritten notes in top right corner

Gratinierte Lachsstreifen mit Dill

SAUMON GLACÉ À L'ANETH

Zutaten für vier Personen
500 g Filet
vom schottischen Wildlachs
Salz, frisch gemahlener Pfeffer
2 EL fein geschnittener Dill
Weißweinsauce aus den auf
Seite 26 angegebenen Zutaten
2 Eigelb

Zubereiten

☆ Das abgezogene Lachsfilet sorgfältig nach noch vorhandenen Gräten absuchen und diese mit einer Pinzette entfernen. Anschließend das Filet in 3 cm breite Streifen schneiden und mit Salz und frisch gemahlenem Pfeffer würzen. Auf eine feuerfeste Platte legen, mit dem fein geschnittenen Dill bestreuen und kühl stellen.

☆ Inzwischen eine Weißweinsauce zubereiten, wie auf Seite 26 angegeben ist. Abseits vom Feuer das Eigelb in die heiße Sauce quirlen.

☆ Die Lachsstreifen mit der Sauce überziehen und unter einem mäßig heißen Grill goldbraun gratinieren. Sofort auftragen.

Hinweis

Blattspinat oder grüner Spargel sind ausgezeichnete Beilagen zu diesem Gericht.

Lachsmedaillons mit Karotten und weißen Rübchen in Sahnesauce

MÉDAILLONS DE SAUMON D'ÉCOSSE À LA CRÈME

Zutaten für vier Personen
16 junge Karotten
8 kleine weiße Rübchen
8 kleine Stücke Filet
vom schottischen Wildlachs
von je 50 g
Salz,
frisch gemahlener weißer Pfeffer
20 g Butter
gezupfter Kerbel als Garnitur

Für die Sahnesauce
1 EL Noilly Prat
80 ml trockener Weißwein
250 ml Fischfond (siehe Seite 22)
200 ml Sahne

Zubereiten

☆ Für die Sahnesauce den Noilly Prat zusammen mit dem Weißwein zum Kochen bringen und auf die Hälfte reduzieren. Danach den Fischfond zugießen und die Flüssigkeit nochmals auf die Hälfte reduzieren. Die Sahne einrühren und die Sauce zur sämigen Konsistenz einkochen. Mit Salz und frisch gemahlenem Pfeffer abschmecken und warm halten.

☆ Inzwischen die jungen Karotten und die möglichst kleinen weißen Rübchen putzen, waschen und etwa 3 cm vom Blattstielansatz stehenlassen. Über Dampf oder in wenig Salzwasser weichdünsten.

☆ Die Lachsmedaillons mit Salz und frisch gemahlenem weißem Pfeffer würzen und in der heißen Butter über mäßiger Hitze auf jeder Seite etwa 2–3 Minuten braten.

☆ Die Sahnesauce auf vier vorgewärmte Teller gießen, darauf je zwei Lachsmedaillons plazieren und mit den jungen Karotten und weißen Rübchen umlegen. Mit gezupftem Kerbel garnieren und auftragen.

Hinweis
Nur ganz zartes Gemüse, das den milden
Geschmack des schottischen Wildlachses nicht
übertönt, sollte als Beilage gewählt werden.

Sautierte Goldbrassenfilets mit Rosmarin

FILETS DE DORADE SAUTÉS AU ROMARIN

Zutaten für vier Personen

4 Goldbrassenfilets
von je etwa 150 g
1 EL Olivenöl
20 g Butter
½ EL fein gehackter Rosmarin
50 ml trockener Weißwein
250 ml Fischfond (siehe Seite 22)
1 kleine Schalotte
150 ml Sahne
1 TL Zitronensaft
Salz, frisch gemahlener Pfeffer
4 Rosmarinspitzen als Garnitur

Zubereiten

☆ Die nicht gehäuteten Fischfilets mit Salz und frisch gemahlenem Pfeffer würzen. In einer gußeisernen Bratpfanne das Olivenöl zusammen mit der Butter erhitzen und eine Prise fein gehackten Rosmarin zufügen. Darin die Fischfilets auf beiden Seiten etwa 3 Minuten braten, dabei ständig mit der heißen Fettmischung übergießen. Anschließend aus der Pfanne heben und warm halten.

☆ Den Weißwein, Fischfond und die fein gewürfelte Schalotte in dieselbe Pfanne geben und auf die Hälfte reduzieren. Anschließend die Sahne einrühren und zur sämigen Konsistenz einkochen. Die Sauce durch ein Sieb passieren und mit dem Schnellmixstab schaumig aufschlagen. Den restlichen fein gehackten Rosmarin einrühren und mit Salz, frisch gemahlenem Pfeffer sowie dem Zitronensaft abschmecken.

☆ Einen Saucenspiegel auf vier vorgewärmte Teller gießen und darüber die gebratenen Goldbrassenfilets plazieren. Mit den Rosmarinspitzen garnieren und auftragen.

Sautierter Sackbrassen mit Thymian auf Petersilien-Cremesauce

DORADE GRISE AU THYM, SAUCE À LA CRÈME ET PERSIL

Zutaten für vier Personen

4 Sackbrassenfilets von je 180 g
Salz, frisch gemahlener Pfeffer
1 EL gezupfte Thymianblättchen
2 EL Olivenöl
20 g Butter

Für die Sauce

50 ml trockener Weißwein
150 ml Fischfond (siehe Seite 22)
1 kleine Schalotte
150 ml Sahne
1 EL fein geschnittene Petersilie

Zubereiten

☆ Die nicht gehäuteten Fischfilets mit Salz und frisch gemahlenem Pfeffer würzen und die von den Stielen gezupften Thymianblättchen auf die Hautseiten des Filets pressen.

☆ Für die Sauce den Weißwein zusammen mit dem Fischfond und der fein gewürfelten Schalotte in einer kleinen Kasserolle zum Kochen bringen und die Flüssigkeit auf ein Viertel der ursprünglichen Menge einkochen. Anschließend die Sahne und die fein geschnittene Petersilie einrühren. Nochmals kurz aufkochen und anschließend mit dem Schnellmixstab oder im Mixer pürieren. Mit Salz und frisch gemahlenem Pfeffer abschmecken und warm halten.

☆ Das Olivenöl und die Butter in einer Bratpfanne heiß werden lassen und darin die gewürzten Seebrassenfilets von jeder Seite etwa 3 Minuten anbraten, dabei des öfteren mit der heißen Fettmischung begießen. Anschließend aus der Pfanne heben und auf Küchenpapier entfetten.

☆ Auf vier vorgewärmte Teller einen Saucenspiegel mit der Petersilien-Cremesauce gießen, darauf die sautierten Seebrassenfilets plazieren und sofort servieren.

Sackbrassen mit Fenchel und Tomaten

DORADE GRISE AVEC FENOUIL ET TOMATES

Zutaten für vier Personen
1 Sackbrassen von etwa 1500 g
oder 2 von je etwa 800 g
2 Zitronen
3 mittelgroße Tomaten
etwas weiche Butter
etwas Fenchelgrün
½ TL Fenchelsamen
150 g Fenchelstreifen
2 mittelgroße Zwiebeln
2 Knoblauchzehen
1 EL kalt gepreßtes Olivenöl
125 ml trockener Weißwein
125 ml Fischfond (siehe Seite 22)
30 g weiche Weißbrotkrumen
Salz, frisch gemahlener Pfeffer

Zubereiten
☆ Den Fisch schuppen, ausnehmen und die Kiemen entfernen. Mit kaltem Wasser abspülen und trockentupfen. Anschließend mit Salz und frisch gemahlenem Pfeffer würzen.

☆ Die Zitronen so schälen, daß keine bittere weiße Haut auf dem Fruchtfleisch verbleibt, und in dünne Scheiben schneiden. Die Tomaten brühen, kalt abschrecken, abziehen und ebenfalls in dünne Scheiben schneiden.

☆ Mit einem scharfen Messer auf beiden Seiten des Fisches diagonal 3 Einschnitte machen und in die so entstehenden »Taschen« abwechselnd je eine Zitronen- und Tomatenscheibe wie große Schuppen stecken.

☆ Eine ofenfeste Form mit weicher Butter ausstreichen und mit dem Fenchelgrün, den Fenchelsamen sowie den Fenchelstreifen ausstreuen. Die in dünne Scheiben geschnittenen Zwiebeln und die ungeschälten, aber leicht zerdrückten Knoblauchzehen zufügen.

☆ Den Fisch vorsichtig in die ausgestreute Form legen, mit dem Olivenöl bestreichen und den Weißwein sowie den Fischfond angießen. Auf dem Ofen erhitzen, mit den weichen Weißbrotkrumen bestreuen und im 180° C heißen Ofen etwa 12−15 Minuten garen. Nach etwa der Hälfte der Garzeit das dünne Schwanzende mit Alufolie abdecken, damit es nicht austrocknet, und die Knoblauchzehen herausnehmen.

☆ Den gebackenen Fisch in der Form servieren.

Hinweis
Bevor man den Fisch aus dem Ofen nimmt, sollte man eine Garprobe machen: Dazu zieht man mit Daumen und Zeigefinger eine Rückenflosse am Kopfende heraus. Löst sie sich leicht aus dem Fleisch, ist der Fisch gar.

Gebackener Sackbrassen auf Zwiebel- und Kartoffelscheiben

DORADE AU FOUR

Zutaten für vier Personen

1 Sackbrassen von etwa 1500 g
Salz, frisch gemahlener Pfeffer
1 kleiner Rosmarinzweig
100 ml Olivenöl
2 große Gemüsezwiebeln
400 g geschälte Kartoffeln
2 Knoblauchzehen
300 ml trockener Weißwein
4 Tomaten
2 EL fein geschnittene Petersilie

Zubereiten

☆ Den Fisch schuppen, ausnehmen und die Kiemen und Flossen entfernen. Unter kaltem Wasser abspülen und trockentupfen. Mit Salz und frisch gemahlenem Pfeffer innen und außen bestreuen und den Rosmarinzweig in die Bauchhöle legen.

☆ Die in dünne Scheiben geschnittenen Gemüsezwiebeln in 2 Eßlöffeln Olivenöl goldgelb dünsten und aus der Pfanne nehmen. In derselben Pfanne die in sehr dünne Scheiben geschnittenen Kartoffeln halb gar sautieren. Mit Salz und frisch gemahlenem Pfeffer würzen und mit dem fein zerdrückten Knoblauch sowie den gedünsteten Zwiebelscheiben vermischen.

☆ Die Zwiebel- und Kartoffelscheiben in eine ofenfeste Form geben, darauf den Fisch legen, mit etwa 3 Eßlöffeln Olivenöl beträufeln und den Weißwein angießen.

☆ Die abgezogenen Tomaten halbieren, die Kerne ausdrücken und das Fruchtfleisch in Streifen schneiden. Die Tomatenstreifen schnell in dem restlichen Olivenöl sautieren und mit Salz und frisch gemahlenem Pfeffer würzen. Anschließend den Fisch damit umlegen und auf etwa 20 Minuten in den 200° C heißen Ofen geben. Während der Garzeit öfter mit der Bratflüssigkeit begießen. Damit der Fisch nicht zu sehr bräunt, kann man ihn mit etwas butter- oder ölbestrichenem Pergamentpapier abdecken.

☆ Den Fisch mit der fein geschnittenen Petersilie bestreuen und in der Form servieren.

Gespickter Flußbarsch in Thymianbutter

FILETS DE PERCHE PIQUÉS AU LARD

Zutaten für vier Personen
4 Flußbarschfilets
von je etwa 170 g
100 g milder Räucherspeck
3 EL Olivenöl
40 g Butter
2 TL gezupfte Thymianblättchen
Salz, frisch gemahlener Pfeffer

Zubereiten

☆ Die Filets nicht enthäuten, aber sorgfältig nach noch vorhandenen Gräten absuchen und diese mit einer Pinzette herausziehen.

☆ Den mageren Räucherspeck in dünne Streifen schneiden und diese kurz in kochendem Wasser blanchieren, um dem Speck die Schärfe zu nehmen. Herausheben und trockentupfen.

☆ Die Innenseite der Filets mit den blanchierten Speckstreifen spicken. Mit etwas Salz und frisch gemahlenem Pfeffer würzen.

☆ Das Olivenöl mit etwa der Hälfte der Butter in einer gußeisernen Pfanne erhitzen und darin die gespickten Filets — zuerst die Innenseite, danach die Hautseite — goldbraun braten. Anschließend auf vier vorgewärmte Teller legen.

☆ Die restliche Butter schmelzen, die gezupften Thymianblättchen einrühren und mit etwas Salz und frisch gemahlenem Pfeffer würzen. Über die Filets gießen und sofort servieren.

Hinweis
Auf die gleiche Art lassen sich auch Hecht, Zander, Renken und Bodenseefelchen zubereiten.

Flußbarschstreifen in Brennesselcreme

ÉMINCÉ DE FILETS DE PERCHE

Zutaten für vier Personen

800 g Flußbarschfilet
2 kleine Schalotten
40 g Butter
60 g zarte Brennesseltriebspitzen
50 ml trockener Weißwein
50 ml Fischfond (siehe Seite 22)
150 ml Sahne
Salz, frisch gemahlener Pfeffer

Zubereiten

☆ Die sorgfältig entgräteten Filets enthäuten und quer in 1 cm breite Streifen schneiden.

☆ Für die Sauce die fein gewürfelten Schalotten in der Hälfte der Butter andünsten und die fein geschnittenen Brennesselspitzen einrühren. Danach den Weißwein und den Fischfond zugießen. Die Flüssigkeit schnell auf die Hälfte einkochen lassen. Anschließend die Sahne einrühren und zu einer sämigen Sauce reduzieren. Mit Salz und frisch gemahlenem Pfeffer abschmecken und durch ein Sieb passieren. Nach Belieben blanchierte rote Paprikastreifen als zusätzlichen Farbeffekt in die Sauce einlegen.

☆ Die Fischstreifen mit Salz und frisch gemahlenem Pfeffer würzen und in der restlichen Butter kurz — etwa 1—2 Minuten — von beiden Seiten anbraten. In die heiße Sauce legen, abschmecken und sofort servieren.

Hinweis

Brennesseln, besonders die zarten Triebspitzen im Frühjahr, sind ein von alters her geschätztes Heilkraut und überdies ein wohlschmeckendes Gemüse, reich an Mineralstoffen und an Vitaminen.

Gedämpfter Karpfen auf fernöstliche Art

CARPE À LA VAPEUR

Zutaten für vier Personen

1 Karpfen von etwa 1500 g
3 EL Reiswein
Salz, frisch gemahlener Pfeffer
3 Lauchzwiebeln
10 g fein geschnittene Ingwerknolle
1 EL Sesamöl
30 g Bambussprossen
20 g Champignons
1 mittelgroße grüne Paprikaschote
1 EL helle japanische Sojasauce
2 TL Weißweinessig
1 Prise Zucker
1 TL Speisestärke
2 kleine Lauchzwiebeln,
frisches Koriandergrün als Garnitur

Zubereiten

☆ Vom Fischhändler den Karpfen ausnehmen und die Rückengräte von der Bauchseite her auslösen lassen. Den Fisch schuppen und Kiemen sowie Flossen entfernen.

☆ Anschließend den Karpfen in kochendem Salzwasser etwa 2 Minuten blanchieren, herausnehmen und trockentupfen. Mit der Hälfte des Reisweins sowie mit Salz und frisch gemahlenem Pfeffer innen und außen einreiben. Den Fisch in einen Dampfeinsatz legen, mit den in dünne Streifen geschnittenen Lauchzwiebeln und den Ingwerstreifen bestreuen. Etwa 12 Minuten dämpfen.

☆ Unterdessen in einer großen gußeisernen Pfanne — noch besser in einem Wok — das Sesamöl erhitzen und darin das in sehr dünne Streifen geschnittene Gemüse unter ständigem Rühren etwa 2 Minuten sautieren. Anschließend mit dem restlichen Reiswein, der hellen Sojasauce, dem Essig und einer Prise Zucker würzen. Die Speisestärke in etwas kaltem Wasser anrühren und damit die Sauce andicken.

☆ Den gedämpften Karpfen auf eine vorgewärmte Servierplatte legen und mit der Sauce und den Gemüsestreifen überziehen. Mit den fein geschnittenen Lauchzwiebeln und dem gezupften Koriandergrün garnieren.

Karpfen mit Sojabohnensprossen

GOUJONS DE CARPE AUX POIS CHINOIS

Zutaten für vier Personen

4 Karpfenfilets
von je etwa 150 g
Saft von 1 Zitrone
etwas Mehl zum Bestäuben
4 EL Erdnußöl
1 EL Sesamöl
120 g rote Paprikaschote
40 g Kaiserschoten
2 dünne Lauchzwiebeln
400 g Sojabohnensprossen
2 EL Sojasauce
1 EL milder Weißweinessig
Salz, frisch gemahlener Pfeffer,
1 Prise brauner Zucker

Zubereiten

☆ Die nicht gehäuteten Karpfenfilets in breite Streifen schneiden und in Abständen von 1½ cm Einschnitte in die Streifen machen. Mit Salz und dem Zitronensaft würzen, in Mehl wenden und überschüssiges Mehl abklopfen.

☆ Das Erdnußöl mit dem Sesamöl vermischen. Die Hälfte davon in einer schweren gußeisernen Pfanne oder in einem Wok erhitzen. Die Fischstreifen darin schnell von beiden Seiten anbraten. Herausnehmen und warm halten.

☆ Unterdessen die vorbereiteten Gemüse — die rote Paprikaschote und die Kaiserschoten — in feine Streifen und die Lauchzwiebeln in dünne Scheiben schneiden. Die Sojabohnensprossen blanchieren und gründlich abtropfen lassen. Die Gemüsestreifen und die Sojabohnensprossen im restlichen heißen Öl kurz sautieren. Die Sojasauce sowie den milden Weinessig einrühren und unter ständigem Weiterrühren 5–6 Minuten sautieren, bis die Flüssigkeit leicht reduziert ist. Mit Salz, frisch gemahlenem Pfeffer sowie einer Prise braunem Zucker abschmecken.

☆ Die Karpfenfilets auf vier vorgewärmte Teller legen, mit der Sauce übergießen und mit dem sautierten Gemüse umlegen.

Hinweis

Dieses fernöstlich inspirierte Gericht läßt sich
am besten in einem Wok zubereiten, der bekannten chinesischen Schwingpfanne, die sich in der letzten Zeit auch in unseren Küchen einen Platz erobert hat.

Gratinierte Hechtfilets auf Zwiebeln mit Paprikarahm

FILETS DE BROCHET AUX OIGNONS ET PAPRIKA

Zutaten für vier Personen

4 Hechtfilets von je etwa 150 g
etwas weiche Butter
100 ml trockener Weißwein
300 ml Fischfond (siehe Seite 22)
300 g fein geschnittene
Gemüsezwiebeln
100 g Butter
1 TL mildes Paprikapulver
250 ml Sahne
60 g weiche Weißbrotkrumen
Salz, frisch gemahlener Pfeffer

Zubereiten

☆ Die sorgfältig entgräteten Hechtfilets mit Salz und frisch gemahlenem Pfeffer würzen und in eine mit weicher Butter ausgestrichene ofenfeste Form legen. Den Weißwein und den Fischfond angießen und die Fischfilets mit einem gebutterten Pergamentpapier bedecken. Auf dem Ofen erhitzen und anschließend im 200° C heißen Ofen etwa 6−8 Minuten pochieren. Den Fisch herausheben und warm halten. Den Pochierfond für die Sauce verwenden.

☆ Unterdessen die in dünne Scheiben geschnittenen Gemüsezwiebeln in der Hälfte der Butter und etwa einem Eßlöffel Wasser glasig andünsten. Mit Salz und frisch gemahlenem Pfeffer würzen und warm halten.

☆ Den Pochierfond in eine kleine Kasserolle abseihen und das Paprikapulver einrühren. Schnell auf ein Viertel einreduzieren, danach die Sahne einrühren und zur sämigen Konsistenz einkochen. Mit etwas Salz abschmecken.

☆ Unterdessen die pochierten Hechtfilets auf eine Gratinierplatte legen und mit den weichen Weißbrotkrumen bestreuen. Die restliche Butter in Flocken darübergeben und unterm heißen Grill goldbraun überbacken.

☆ Das Zwiebelgemüse auf vier vorgewärmte Teller verteilen und darüber die gratinierten Hechtfilets legen. Die zuvor mit dem Schnellmixstab schaumig aufgeschlagene Sauce getrennt dazu servieren.

Hechtfilets in Basilikumcreme

FILETS DE BROCHET À LA CRÈME ET AU BASILIC

Zutaten für vier Personen
4 Hechtfilets
von je etwa 170 g
Salz, frisch gemahlener
weißer Pfeffer
etwas weiche Butter
200 ml Fischfond
(siehe Seite 22)
150 ml Sahne
1 EL Zitronensaft
1 EL geschlagene Sahne
einige Blätter Basilikum

Zubereiten

☆ Die sorgfältig entgräteten, aber nicht enthäuteten Hechtfilets mit Salz und frisch gemahlenem weißem Pfeffer würzen und mit der Hautseite nach unten in eine mit weicher Butter ausgestrichene ofenfeste Form legen. Den Fischfond angießen, auf dem Ofen erhitzen und mit einem Bogen gebuttertem Pergamentpapier abdecken. Im 190° C heißen Ofen etwa 5–7 Minuten pochieren. Danach die Filets herausheben und warm halten.

☆ Für die Sauce den Fischfond in eine kleine Kasserolle abseihen und schnell auf ein Viertel der Flüssigkeitsmenge reduzieren. Anschließend die Sahne einrühren und nochmals leicht reduzieren. Mit Salz, frisch gemahlenem weißem Pfeffer und etwas Zitronensaft abschmecken. Die geschlagene Sahne unterziehen und zuletzt das in feine Streifen geschnittene Basilikum einrühren.

☆ Vier vorgewärmte Teller mit der Basilikumcreme ausgießen und darauf die Hechtfilets plazieren. Die restliche Sauce getrennt dazu reichen.

Hinweis
Da sich die Basilikumblätter sehr schnell verfärben, sollte man sie erst unmittelbar vor dem Einrühren in die Sauce in feine Streifen schneiden.

Gegrillte Makrelen in Cidre-Sauce

Zutaten für vier Personen
4 kleine Makrelen ohne Kopf
von je etwa 200 g
Salz, frisch gemahlener Pfeffer
25 g flüssige Butter
8 Apfelschnitze
etwas Puderzucker
2 EL Tomatenwürfel

Für die Sauce
200 ml Fischfond
(siehe Seite 22)
200 ml trockener Cidre
(französischer Apfelwein)
100 ml Sahne
einige Safranfäden
25 g eiskalte Butter

Zubereiten

☆ Für die Sauce den Fischfond mit dem Cidre in einer kleinen Kasserolle verrühren. (Etwa 4 Eßlöffel von der Flüssigkeit abnehmen und zum Beträufeln der Makrelen verwenden.) Die restliche Flüssigkeit schnell auf die Hälfte einkochen, die Sahne einrühren und die Safranfäden zufügen. Über mäßiger Hitze zur sämigen Konsistenz einkochen. Abseits vom Herd die eiskalte Butter flockenweise mit dem Rührbesen einschwenken. Die Sauce anschließend durch ein feines Sieb passieren und abschmecken. Mit dem Schnellmixstab schaumig aufschlagen und warm halten.

☆ Die Makrelen mit einem scharfen Messer einkerben und mit Salz und frisch gemahlenem Pfeffer würzen. In eine mit etwas weicher Butter ausgestrichene, feuerfeste Form legen und die zurückbehaltene Fischfond-Cidre-Mischung angießen.

☆ Den Fisch mit der flüssigen Butter bepinseln und unter dem mäßig heißen Grill etwa 7–10 Minuten garen. Danach den Fisch herausheben und warm halten. Die Apfelschnitze mit dem Puderzucker bestäuben und unter dem Grill glacieren.

☆ Die Sauce auf vier vorgewärmte Teller verteilen und die gegrillten Makrelen darauf plazieren. Mit den glacierten Apfelschnitzen und einigen erwärmten Tomatenwürfeln garnieren.

Bonitoschnitten mit feinen Erbsen

Zutaten für vier Personen

1 kg Bonito (aus dem Mittelstück)
Salz, frisch gemahlener Pfeffer
2 EL Olivenöl
2 Knoblauchzehen
400 g Tomatenwürfel
400 g zarte grüne Erbsen
1 Petersilienstiel
2 EL fein geschnittene Petersilie
als Garnitur

Zubereiten

☆ Den geschuppten Fisch abspülen und trockentupfen. In 2 cm dicke Scheiben schneiden und mit Salz und frisch gemahlenem Pfeffer würzen.

☆ Das Olivenöl in einem weiten, flachen Topf erhitzen und eine fein zerdrückte Knoblauchzehe sowie die Tomatenwürfel einrühren. Etwa 4—5 Minuten dünsten, danach die Fischschnitten einlegen und weitere 6—8 Minuten über geringer Hitze weiterdünsten.

☆ Unterdessen die Erbsen etwa 5 Minuten zusammen mit einer Knoblauchzehe und einem Petersilienstiel in kochendem Salzwasser blanchieren. Die Erbsen auf einem Sieb abtropfen lassen und die Knoblauchzehe sowie den Petersilienstiel entfernen.

☆ Anschließend die blanchierten Erbsen zu dem Fisch geben und zugedeckt weitere 2—3 Minuten garen.

☆ Das Gemüse auf vier vorgewärmte Teller verteilen und darüber die Bonitoschnitten plazieren. Mit der fein geschnittenen Petersilie bestreuen und sofort servieren.

Hinweis

Statt Bonito kann man für dieses Gericht auch Thunfisch verwenden, der aus der gleichen Familie stammt.

Meeräsche nach chinesischer Art

Zutaten für vier Personen
8 Meeräschenfilets
von je etwa 80 g
je 40 g feine Karotten-,
Sellerie-, rote Paprika-
und Lauchstreifen
80 g Kaiserschoten
in feinen Streifen
1 EL Sesamöl
1 EL Sojasauce
1 EL Reiswein
1 EL Weißweinessig
100 ml Fischfond
(siehe Seite 22)
1 TL Speisestärke
Salz, frisch gemahlener Pfeffer
Koriandergrün als Garnitur

Zubereiten

☆ Die Filets nicht enthäuten, aber sorgfältig nach noch vorhandenen Gräten absuchen und diese mit einer Pinzette entfernen. Die Filets mit Salz und frisch gemahlenem Pfeffer würzen und über Dampf etwa 2—4 Minuten garen.

☆ In einem Wok oder in einer großen gußeisernen Pfanne das in feine Streifen geschnittene Gemüse im Öl ansautieren. Mit der Sojasauce, dem Reiswein und dem Weißweinessig ablöschen. Den Fischfond zugießen und zum Kochen bringen. Mit der in etwas kaltem Wasser angerührten Speisestärke andicken und mit Salz und frisch gemahlenem Pfeffer abschmecken.

☆ Die Gemüsestreifen auf vier vorgewärmte Teller verteilen und die Meeräschenfilets darüber plazieren. Mit frischem Koriandergrün garnieren und auftragen.

Rotbarbenfilets auf Tomatenwürfeln mit Kerbel und Oliven

FILETS DE ROUGETS AUX TOMATES ET CERFEUIL

Zutaten für vier Personen
4 Rotbarben zu je etwa 250 g
4 EL Olivenöl
80 g schwarze Oliven
200 g Tomatenwürfel
100 ml Sahne
Salz, frisch gemahlener Pfeffer
etwas Zitronensaft
1 EL gezupfter Kerbel
als Garnitur

Zubereiten

☆ Die Rotbarben schuppen, ausnehmen und die Köpfe sowie die Flossen bis auf die Schwanzflossen entfernen. Die Mittelgräte vom Kopfende her auslösen und am Schwanzende abtrennen. Die Fische mit der Hautseite nach oben auseinanderklappen.

☆ In einer Kasserolle die Hälfte des Olivenöls erhitzen und darin die entsteinten und klein gewürfelten Oliven sowie die Tomatenwürfel (aus abgezogenen, entkernten Fleischtomaten) unter ständigem Rühren etwa 3 Minuten dünsten. Anschließend die Hälfte der Oliven- und Tomatenwürfel herausnehmen und warm gestellt für die Garnitur bereithalten.

☆ Danach die Sahne in die restlichen Tomaten- und Olivenwürfel rühren und über mäßiger Hitze weitere 2 Minuten sämig einkochen lassen. Die Sauce im Mixer oder mit dem Schnellmixstab pürieren und schaumig aufschlagen. Mit Salz, frisch gemahlenem Pfeffer sowie dem Zitronensaft abschmecken und warm halten.

☆ Das restliche Öl in einer beschichteten Pfanne erhitzen und darin die Rotbarbenfilets — mit der Hautseite zuerst — vorsichtig, denn der Fisch ist sehr zart, etwa 2 Minuten von jeder Seite anbraten.

☆ Die gebratenen Rotbarbenfilets auf vier vorgewärmte Teller plazieren und mit der Sauce umgießen. Mit den warm gehaltenen Oliven- und Tomatenwürfeln sowie etwas gezupftem Kerbel garnieren.

Rotbarbe im Kräutermantel

Zutaten für vier Personen
8 Rotbarben von je etwa 120 g
Salz, frisch gemahlener Pfeffer
2 EL fein geschnittene
Petersilie
2 kleine Schalotten
1 Knoblauchzehe
½ EL milder Weißweinessig
1 kleiner Thymianzweig
1 kleiner Oreganozweig
1 Lorbeerblatt
1 EL Olivenöl
Saft von 1 Zitrone

Zubereiten
☆ Die Rotbarben schuppen, ausnehmen und die Leber aufbewahren. Abspülen und trockentupfen. Die Fische auf beiden Seiten mit einem scharfen Messer einkerben, mit Salz und frisch gemahlenem Pfeffer würzen und die Leber zurück in die Bauchhöhle legen.

☆ Die fein geschnittene Petersilie mit den fein gewürfelten Schalotten und dem zerdrückten Knoblauch vermischen. Die Hälfte der Kräutermischung auf den Boden einer ofenfesten Platte streichen.

☆ Die vorbereiteten Fische einlegen und mit dem Weißweinessig beträufeln.

☆ Die restliche Kräutermischung über die Fische streichen und in die Kerben pressen. Den Thymian- und den Oreganozweig sowie das zerkleinerte Lorbeerblatt darüber streuen und Olivenöl darüber träufeln.

☆ Mit einem gebutterten Pergamentpapier bedecken und im 190° C heißen Ofen etwa 10 Minuten backen.

☆ Unmittelbar vor dem Anrichten den Fisch mit dem Zitronensaft sowie dem Bratfond, der sich während des Garens gebildet hat, übergießen. Nochmals 1−2 Minuten in den Ofen schieben und anschließend sofort servieren.

Hinweis
Die Leber der Rotbarbe gilt als besondere Delikatesse. Da Rotbarben keine Galle haben, bezeichnet man sie auch als »Schnepfen des Meeres«. Kleinere Fische können deshalb auch unausgenommen gebraten oder gegrillt werden.

Meeräsche auf Safrannudeln mit Hummersauce

Zutaten für vier Personen
*Hummersauce aus den auf
Seite 30 angegebenen Zutaten
Safrannudeln aus den auf
Seite 35 angegebenen Zutaten
etwas Butter
8 Stücke Meeräschenfilet
von je etwa 80 g
Salz, frisch gemahlener Pfeffer*

Zubereiten

☆ Eine Hummersauce zubereiten, wie auf Seite 30 beschrieben wird, und im Wasserbad warm halten.

☆ Die Safrannudeln in reichlich kochendem Salzwasser »al dente« garen. Auf einen Durchschlag schütten und mit heißem Wasser abspülen. Gründlich abtropfen lassen, mit Salz und frisch gemahlenem Pfeffer würzen und in einem Stück Butter wenden.

☆ Inzwischen die nicht gehäuteten, aber sorgfältig entgräteten Filetstücke mit Salz und frisch gemahlenem Pfeffer würzen. Mit der Hautseite nach oben in einen Dämpfeinsatz geben und über Dampf etwa 3−4 Minuten garen.

☆ Die Safrannudeln auf vier vorgewärmte Teller verteilen, je zwei Meeräschenfilets darüber plazieren und mit der heißen Hummersauce umgießen.

Hinweis
*Durch vorsichtiges Dämpfen bewahrt die Haut
der Meeräsche ihre schöne silbrige Farbe.*

Wolfsbarsch mit Knoblauch und weißen Rübchen

LOUP DE MER AU FOUR À L'AIL

Zutaten für vier Personen

4 Wolfsbarschfilets
von je etwa 200 g
Salz, frisch gemahlener Pfeffer
2 Scheiben magerer Räucherspeck
200 g geschälte weiße Rübchen
16 Lauchzwiebeln
8 kleine Knoblauchzehen
20 g Butter
1 kleiner Thymianzweig
100 ml Geflügelfond
(siehe Seite 24)
1 EL fein geschnittene
Blattpetersilie
1 EL fein geschnittener
Schnittlauch als Garnitur

Zubereiten

☆ Das Wolfsbarschfilet nicht enthäuten, nur die dunklen Fettränder wegschneiden. Abspülen, trockentupfen und mit Salz und frisch gemahlenem Pfeffer würzen. Den mageren Räucherspeck in dünne Scheiben schneiden, in kochendem Wasser kurz blanchieren, um ihm Schärfe und Fett zu entziehen. Anschließend abtropfen lassen.

☆ Die sehr kleinen weißen Rübchen schälen, vierteln − nach Belieben halbmondförmig zurechtschneiden − und in kochendem Salzwasser kurz blanchieren, herausnehmen und abtropfen lassen.

☆ Von den Lauchzwiebeln nur die Zwiebelknollen nehmen, den Lauch anderweitig verwenden.

☆ In einer großen ofenfesten Form oder in einem gußeisernen Bräter die geputzten Zwiebeln zusammen mit den ungeschälten, aber leicht zerdrückten Knoblauchzehen in der Butter goldbraun andünsten. Die gewürzten Fischfilets, den Thymianzweig und die Räucherspeckstreifen einlegen und weitere 2 Minuten dünsten.

☆ Anschließend den Geflügelfond und die tournierten weißen Rübchen zufügen und im 200° C heißen Backofen etwa 4−6 Minuten garen. Aus dem Ofen nehmen, die fein geschnittene Petersilie einrühren und nochmals abschmecken.

☆ Den Fisch auf vier vorgewärmten Tellern anrichten, mit dem Gemüse umlegen und mit der Sauce umgießen. Mit dem fein geschnittenen Schnittlauch bestreuen und auftragen.

Wolfsbarschfilet auf Tomatencoulis

LOUP DE MER AU COULIS DE TOMATES

Zutaten für vier Personen

4 Wolfsbarschfilets
von je etwa 160 g
Mehl zum Bestäuben
Tomatencoulis aus den auf
Seite 31 angegebenen Zutaten
1 Bund Lauchzwiebeln
40 g Butter
1 EL Olivenöl
Salz, frisch gemahlener Pfeffer
1 Prise Zucker

Zubereiten

☆ Die Wolfsbarschfilets nicht enthäuten, aber sorgfältig nach eventuell noch vorhandenen Gräten absuchen und diese mit einer Pinzette entfernen. Die Filets kalt abspülen und trockentupfen. Mit Salz und frisch gemahlenem Pfeffer würzen und mit etwas Mehl bestäuben.

☆ Einen Tomatencoulis aus den auf Seite 31 angegebenen Zutaten zubereiten und warm halten.

☆ Die Lauchzwiebeln putzen, waschen und in 2½ cm lange Abschnitte teilen. In der Hälfte der Butter und Wasser weichdünsten. Mit Salz, frisch gemahlenem Pfeffer sowie einer Prise Zucker abschmecken. Herausnehmen und warm halten.

☆ Die restliche Butter zusammen mit dem Öl erhitzen und darin die Wolfsbarschfilets etwa 3 Minuten von jeder Seite anbraten. Herausnehmen und auf Küchenpapier entfetten.

☆ Mit dem Tomatencoulis einen Saucenspiegel auf vier vorgewärmte Teller gießen. Darauf die Wolfsbarschfilets verteilen und mit den gedünsteten Lauchzwiebeln garnieren.

Seehechtmedaillons auf Chilisauce

MÉDAILLONS DE COLIN À LA VAPEUR AUX PIMENTS

Zutaten für vier Personen

1 Seehecht von etwa 1500 g
½ rote Chilischote
½ grüne Chilischote
150 ml Fischfond (siehe Seite 22)
60 g flüssige Butter
150 ml Sahne
1 TL Zitronensaft
Salz, frisch gemahlener Pfeffer
gezupfter Kerbel als Garnitur

Zubereiten

☆ Aus dem Mittelstück des geschuppten und ausgenommenen Seehechts acht Medaillons schneiden. — Gräten und Abschnitte zum Kochen des Fischfonds verwenden.

☆ Die Chilischoten auf einem Blech etwa 20 Minuten in den heißen Backofen schieben oder aber sie auf eine Gabel spießen und einige Minuten in heißes Öl tauchen, damit sie sich leichter schälen lassen. Die Kerne sorgfältig entfernen und die grüne Chilischote in feine Würfel schneiden. (Danach die Hände gründlich waschen, da die rohen Chilischoten stark schleimhautreizende Stoffe enthalten.)

☆ Anschließend den heißen Fischfond zusammen mit der roten Chilischote im Mixer pürieren und nach und nach die flüssige Butter einlaufen lassen.

☆ Die Sauce in eine kleine Kasserolle umfüllen und die Sahne sowie die fein gewürfelte grüne Chilischote einrühren. Mit Salz und Zitronensaft abschmecken und im Wasserbad warm halten.

☆ Inzwischen die Seehechtmedaillons mit Salz und frisch gemahlenem Pfeffer würzen und über Dampf etwa 4 Minuten garen.

☆ Auf vier vorgewärmte Teller einen Saucenspiegel gießen und darauf je zwei gedämpfte Seehechtmedaillons plazieren. Mit gezupftem Kerbel garnieren und servieren.

Schwertfisch-Spießchen vom Rost

Zutaten für vier Personen
800 g Schwertfischsteaks
4 reife Tomaten
16 Perlzwiebeln
2 EL feines Speiseöl

Für die Marinade
Saft von 2 Zitronen
80 ml Olivenöl
3 – 4 Knoblauchzehen
1 TL gemahlener Kreuzkümmel
Salz, frisch gemahlener Pfeffer

Zubereiten

☆ Für die Marinade den Zitronensaft mit dem Olivenöl verquirlen und die durch die Knoblauchpresse getriebenen Knoblauchzehen sowie den Kreuzkümmel einrühren. Mit Salz und frisch gemahlenem Pfeffer würzen.

☆ Die enthäuteten und entgräteten Schwertfischsteaks in 2 cm große Würfel schneiden. Die Fischwürfel mit der Marinade vermischen. Mit Frischhaltefolie abdecken und im Kühlschrank etwa 2 Stunden marinieren lassen, dabei gelegentlich in der Marinade wenden.

☆ Inzwischen die Tomaten brühen, kalt abschrecken und abziehen. In Achtel schneiden und die Kerne ausdrücken.

☆ Die Perlzwiebeln schälen und in kochendem Salzwasser einige Minuten blanchieren. Abtropfen lassen und auf Metallspießchen stecken. Etwas Marinade von den Fischwürfeln abgießen und damit die Zwiebeln bestreichen. Etwa 8 Minuten unter den Grill legen, bis sie goldbraun und weich sind. Dabei wiederholt mit der Marinade bestreichen.

☆ Die Fischwürfel aus der Marinade heben und trockentupfen. Die Marinade aufbewahren. Die Fischwürfel abwechselnd mit den Tomatenachteln auf Metallspieße stecken.

☆ Mit dem Speiseöl bepinseln und etwa 6 Minuten grillen, dabei öfter mit der Marinade bestreichen.

☆ Die Spießchen sofort auftragen und jeweils einige gegrillte Zwiebeln dazulegen.

Hinweis
Als Beilage zu den Spießchen sollte ein Butterreis,
vermischt mit viel fein geschnittener Blattpetersilie,
serviert werden.

Seezungenröllchen auf Schnittlauchcreme

PAUPIETTES DE SOLE À LA CRÈME DE CIBOULETTE

Zutaten für vier Personen

½ rote Paprikaschote
½ grüne Paprikaschote
½ gelbe Paprikaschote
8 Seezungenfilets
von je etwa 60 g
Salz, frisch gemahlener
weißer Pfeffer

Für die Sauce

80 ml trockener Weißwein
1 EL Noilly Prat
1 kleine Schalotte
250 ml Fischfond
(siehe Seite 22)
200 ml Sahne
2 EL fein geschnittener
Schnittlauch

Zubereiten

☆ Die Paprikaschoten in kochendem Salzwasser blanchieren, herausheben und in dünne, etwa 10 cm lange Streifen schneiden.

☆ Die Seezungenfilets von beiden Seiten mit Salz und frisch gemahlenem weißem Pfeffer würzen und um jeweils drei verschiedenfarbige Paprikastreifen wickeln. Mit einem Zahnstocher oder Cocktailspießchen feststecken.

☆ Für die Sauce den Weißwein mit dem Noilly Prat und der fein gewürfelten Schalotte zum Kochen bringen und die Flüssigkeit auf die Hälfte reduzieren. Den Fischfond angießen und auf ein Viertel der ursprünglichen Flüssigkeitsmenge einkochen lassen. Anschließend die Sahne einrühren und die Sauce über geringer Hitze weitere 5 Minuten kochen lassen. Durch ein Sieb passieren und mit Salz und frisch gemahlenem weißem Pfeffer abschmecken. Im Mixer oder mit dem Schnellmixstab zu einer schaumigen Sauce aufschlagen und den fein geschnittenen Schnittlauch einrühren. Etwa ½ Eßlöffel Schnittlauch für die Garnitur zurückbehalten.

☆ Unterdessen die Seezungenröllchen etwa 6—8 Minuten über Dampf garen.

☆ Die Sauce auf vier vorgewärmte Teller gießen und darauf je zwei Seezungenröllchen plazieren. Mit etwas Schnittlauch bestreuen und servieren.

Seezungenmousseline mit Hummer

MOUSSELINE DE SOLE FARCIE AU HOMARD, SAUCE AUX FÈVES

Zutaten für vier Personen

Für die Füllung
50 g gekochtes Hummerfleisch
2 große Champignons
20 g Butter
2 TL fein geschnittene Trüffel
(falls vorhanden)
1 Schuß Cognac
2 EL Sahne
Salz, frisch gemahlener Pfeffer

Für die Mousseline
200 g Seezungenfilet
200 ml Sahne
Salz, Cayennepfeffer

Für die Sauce
Weißweinsauce aus den auf
Seite 26 angegebenen Zutaten
100 g Puffbohnen
25 g kalte Butter

Für die Garnitur
15 g Butter
100 g Puffbohnen
1 EL Hummercorail

Zubereiten

☆ Für die Füllung das abgekochte Hummerfleisch in feine Streifen schneiden. Die geputzten Champignons ebenfalls in feine Streifen schneiden und etwa 1 Minute in der Butter andünsten. Das Hummerfleisch und nach Belieben die Trüffelstreifen einrühren. Mit einem Schuß Cognac flambieren und mit der Sahne ablöschen. Leicht einkochen, so daß die Mischung bindet. Mit Salz und frisch gemahlenem Pfeffer abschmecken und abkühlen lassen.

☆ Für die Mousseline das gut gekühlte Seezungenfilet in kleine Stücke schneiden, mit einer Prise Salz würzen und im ebenfalls gekühlten Mixer (oder Cutter) pürieren. Etwa die Hälfte der eiskalten Sahne einlaufen lassen und schnell zu einer glatten Masse verarbeiten. Herausnehmen und durch ein feines Sieb streichen. In einer Metallschüssel über Eis nach und nach mit einem Holzlöffel die restliche Sahne einarbeiten. Mit Salz und einer Prise Cayennepfeffer abschmecken.

☆ Vier ausgebutterte Förmchen zu etwa zwei Dritteln mit der Mousseline füllen. In die Mitte der Mousseline eine Vertiefung drücken und dahinein die Füllung geben. Die restliche Mousseline darüberstreichen. Anschließend die Förmchen sanft auf ein gefaltetes Küchentuch aufstoßen, damit sich in der Mousseline keine Hohlräume bilden.

☆ Die Förmchen mit gebuttertem Pergamentpapier abdecken, in ein warmes Wasserbad setzen und im 180° C heißen Ofen etwa 20 Minuten pochieren. (Die Mousseline ist gar, wenn sie auf leichten Fingerdruck nur wenig nachgibt.) Vor dem Stürzen mindestens 5 Minuten ruhen lassen.

☆ Für die Sauce die blanchierten frischen Puffbohnen abziehen und in der Weißweinsauce etwa 5 Minuten dünsten. Danach mit dem Schnellmixstab oder im Mixer pürieren. Durch ein feines Sieb passieren, wenn man eine glatte Sauce haben möchte. Die Sauce abschmecken, nochmals kurz erhitzen und abseits vom Herd die kalte Butter flockenweise einschwenken.

☆ Für die Garnitur die blanchierten und abgezogenen Puffbohnen in der Butter erhitzen.

☆ Die Seezungenmousseline auf vier vorgewärmte Teller stürzen, mit der Sauce umgießen und mit den Puffbohnen sowie dem Hummercorail garnieren.

Seezungenmousseline mit Brunnenkresse

Wenn man möchte, kann man einen Teil der Mousseline mit Brunnenkressepüree färben und aromatisieren. Dafür püriert man die Blätter eines halben Bundes Brunnenkresse mit 2 Eßlöffeln Fischfond und rührt 2 Eßlöffel von diesem Püree in ein Viertel der Mousseline. Diese Brunnenkressemousseline gibt man als dünne Schicht in die ausgebutterten Förmchen und füllt mit der weißen Mousseline auf, in die man dann die Hummermischung drückt. Statt einer Bohnensauce umgießt man die Mousseline mit einer Weißweinsauce und garniert sie mit etwas Brunnenkresse.

Seezungenfilets auf grünen Nudeln

FILETS DE SOLE POCHÉS AUX NOUILLES VERTES

Zutaten für vier Personen

2 Seezungen von je etwa 500 g
1 fein gewürfelte Schalotte
1 fein gewürfelte Tomate
250 ml Fischfond (siehe Seite 22)
250 ml trockener Weißwein
100 ml Sahne
200 g grüne Nudeln
(siehe Seite 35)
30 g Butter
Salz, frisch gemahlener
weißer Pfeffer

Zubereiten

☆ Die Seezungen vom Fischhändler abziehen und filetieren lassen. Sorgfältig nach noch vorhandenen Gräten absuchen und diese mit einer Pinzette ziehen. Die Seezungenfilets mit der flachen Klinge eines Küchenmessers flachdrücken und mit etwas Salz und frisch gemahlenem weißem Pfeffer würzen. Die Filets mit der abgezogenen Hautseite nach innen zusammenfalten und in eine mit weicher Butter ausgestrichene, feuerfeste Form legen. Mit den Schalotten- und Tomatenwürfeln bestreuen. Den Fischfond und den Weißwein angießen.

☆ Auf dem Ofen zum Kochen bringen, mit einem gebutterten Pergamentpapier abdecken und im 190° C heißen Ofen etwa 8−10 Minuten pochieren. Die Filets herausheben und warm halten.

☆ Für die Sauce den Pochierfond in eine kleine Kasserolle umschütten und auf die Hälfte einkochen lassen. Danach die Sahne einrühren und zu einer sämigen Sauce reduzieren. Anschließend durch ein Sieb passieren und mit dem Schnellmixstab − oder im Mixer − zu einer schaumigen Sauce aufschlagen. Mit Salz und frisch gemahlenem weißem Pfeffer abschmecken.

☆ In der Zwischenzeit die frisch zubereiteten grünen Nudeln in reichlich Salzwasser »al dente« kochen. Abschütten, kurz mit heißem Wasser abspülen und gründlich abtropfen lassen. In der Butter wenden und mit Salz und frisch gemahlenem weißem Pfeffer würzen.

☆ Die grünen Nudeln auf vier vorgewärmte Teller verteilen und je zwei Seezungenfilets darüber plazieren. Mit der Sauce umgießen und auftragen.

Seezunge gefüllt mit Gemüsewürfeln

SOLE FOURRÉE AUX LÉGUMES

Zutaten für vier Personen

4 Seezungen von je etwa 350 g
1 kleine Schalotte
1 EL Noilly Prat
80 ml trockener Weißwein
250 ml Fischfond
(siehe Seite 22)
200 ml Sahne
60 g weiche Weißbrotkrumen
2 EL fein geschnittene
Petersilie
Salz,
frisch gemahlener weißer Pfeffer

Für die Füllung

je 80 g kleine Zucchini-
und Karottenwürfel
je 60 g kleine Sellerie-
und Lauchwürfel
40 g Butter
4 EL Fischfond (siehe Seite 22)

Zubereiten

☆ Für die Füllung das klein gewürfelte Gemüse in einer Mischung aus Butter und Fischfond weichdünsten. Mit Salz und frisch gemahlenem Pfeffer würzen und warm halten.

☆ Von den abgezogenen Seezungen Köpfe und Flossen entfernen. Die Fische abspülen, trockentupfen und mit Salz und frisch gemahlenem weißem Pfeffer würzen. Eine ausgebutterte ofenfeste Form mit der fein gewürfelten Schalotte ausstreuen. Den Noilly Prat, den Weißwein sowie den Fischfond zugießen und auf dem Ofen zum Kochen bringen. Die Seezungen einlegen, mit gebuttertem Pergamentpapier abdecken und im 190° C heißen Ofen 5–8 Minuten pochieren.

☆ Danach den Fisch von einem Längsschnitt in der Mitte aus vorsichtig entgräten, ohne dabei die Filets zu beschädigen. In die so entstandene Tasche die gedünsteten Gemüsewürfel füllen und den Fisch wieder in die ursprüngliche Form bringen.

☆ Die weichen Weißbrotkrumen mit der fein geschnittenen Petersilie vermischen und damit die gefüllten Seezungen bedecken. Unter dem heißen Grill etwa 1 Minute gratinieren.

☆ Unterdessen den Pochierfond auf ein Viertel einkochen lassen und die Sahne einrühren. Zu einer sämigen Sauce reduzieren, durch ein feines Sieb passieren und mit Salz und frisch gemahlenem Pfeffer abschmecken. Mit dem Schnellmixstab schaumig aufschlagen.

☆ Die gefüllten Seezungen auf vier vorgewärmte Teller plazieren, mit der Sauce umgießen und servieren.

Petersfischfilets auf Safransauce

FILETS DE SAINT-PIERRE AU SAFRAN

Zutaten für vier Personen
4 Petersfischfilets
von je etwa 160 g
Salz,
frisch gemahlener weißer Pfeffer
einige Basilikumblätter
als Garnitur

Für die Sauce
250 ml Fischfond
(siehe Seite 22)
einige Safranfäden
1 EL Noilly Prat
80 ml trockener Weißwein
1 kleine Schalotte
200 ml Sahne
4 EL Tomatenwürfel
2 EL fein geschnittene
Petersilie

Zubereiten

☆ Für die Sauce den Fischfond in einer kleinen Kasserolle erhitzen. Die Safranfäden in den heißen Fond einlegen und ziehen lassen. In einem zweiten kleinen Topf den Noilly Prat zusammen mit dem Weißwein und der fein gewürfelten Schalotte zum Kochen bringen und die Flüssigkeit auf die Hälfte reduzieren. Den safranisierten Fischfond zugießen und nochmals auf ein Viertel reduzieren. Danach die Sahne einrühren und über geringer Hitze etwa 2 Minuten kochen lassen. Anschließend die kleinen Tomatenwürfel zufügen und weitere 3 Minuten kochen. Zuletzt die fein geschnittene Petersilie in die Sauce rühren und mit Salz und frisch gemahlenem weißem Pfeffer abschmecken.

☆ Unterdessen die enthäuteten Petersfischfilets mit Salz und frisch gemahlenem weißem Pfeffer würzen und über Dampf etwa 3–4 Minuten — nach Belieben länger — garen.

☆ Mit der heißen Sauce einen Spiegel auf vier vorgewärmte Teller gießen und darauf die Petersfischfilets plazieren. Mit einigen Basilikumblättern garnieren und auftragen.

Petersfisch auf Zwiebeln mit Tomatensauce

FILETS DE SAINT-PIERRE AUX OIGNONS ROUGES

Zutaten für vier Personen
4 Petersfischfilets
von je etwa 170 g
2 mittelgroße rote Zwiebeln
20 g Butter
1 EL Honig
200 ml Rotwein
20 g geschälte rote Bete
Salz, frisch gemahlener Pfeffer
4 Basilikumblätter als Garnitur

Für die Tomatensauce
250 ml Fischfond
(siehe Seite 22)
2 gewürfelte Fleischtomaten
2 EL Tomatenmark
150 ml Tomatensaft
1 Prise Zucker

Zubereiten

☆ Die Petersfischfilets vorsichtig häuten, nach eventuell noch vorhandenen Gräten absuchen und diese mit einer Pinzette herausziehen.

☆ Für die Sauce den Fischfond in einer kleinen Kasserolle zum Kochen bringen und auf die Hälfte reduzieren. Die gewürfelten Tomaten sowie das Tomatenmark einrühren und den Tomatensaft zugießen. Etwa 5 Minuten auf kleiner Flamme kochen lassen, mit Salz und einer Prise Zucker abschmecken und im Mixer pürieren. Anschließend durch ein feines Sieb passieren und warm halten.

☆ Die roten Zwiebeln schälen, in dünne Ringe schneiden und in der Butter glasig dünsten. Danach den Honig, den Rotwein sowie ein Stück geschälte rote Bete zufügen. Auf kleiner Flamme dünsten, bis alle Flüssigkeit verdampft ist. Mit Salz und frisch gemahlenem Pfeffer abschmecken. Das Stück rote Bete entfernen und die gedünsteten Zwiebeln warm halten.

☆ Unterdessen die Petersfischfilets mit Salz und frisch gemahlenem Pfeffer würzen und etwa 3−5 Minuten über Dampf garen.

☆ Den Fisch auf vier vorgewärmte Teller verteilen, mit den roten Zwiebeln umlegen und mit je einem Basilikumblättchen garnieren. Die Tomatensauce getrennt dazu reichen.

Petersfischfilets in Sellerie-Vinaigrette

Zutaten für vier Personen
1 Scheibe Toastbrot
20 g Butter
1 Stange Staudensellerie
25 g dünne Karottenstreifen
4 EL Olivenöl
1 EL Weißweinessig
3 Fleischtomaten
4 Petersfischfilets
von je etwa 150 g
etwas Zitronensaft
Salz, frisch gemahlener Pfeffer
etwas Selleriegrün
für die Garnitur

Zubereiten

☆ Die Scheibe Toastbrot entrinden und in ½ cm große Würfel schneiden. In der Butter goldbraun rösten und auf Küchenpapier entfetten.

☆ Die geputzte und gewaschene Selleriestange schräg in dünne Scheibchen schneiden. Die Karottenstreifen 1 Minute in kochendem Salzwasser blanchieren, herausnehmen, kalt abschrecken und auf einem Küchentuch abtropfen lassen.

☆ Das Olivenöl mit dem Weißweinessig verquirlen und mit Salz und frisch gemahlenem Pfeffer abschmecken. Anschließend mit den Selleriescheibchen sowie den Karottenstreifen vermischen.

☆ Die Fleischtomaten brühen, kalt abschrecken und schälen. Danach entkernen und im Mixer pürieren. Mit Salz und frisch gemahlenem Pfeffer würzen. Das Püree in einen kleinen Topf geben und erhitzen.

☆ Unterdessen die Petersfischfilets schräg in dünne Scheiben schneiden, salzen und pfeffern und in eine ausgebutterte ofenfeste Form geben. Mit etwas Zitronensaft beträufeln, etwa 1 Eßlöffel Wasser angießen und mit gebuttertem Pergamentpapier abdecken. Im 190° C heißen Ofen etwa 5 Minuten pochieren.

☆ Die Sellerie-Vinaigrette auf vier warme Teller verteilen und die pochierten Filets darüberlegen. Mit dem heißen Tomatenpüree überziehen und mit den gerösteten Brotwürfeln bestreuen. Mit etwas Selleriegrün garnieren und auftragen.

Gratinierter Steinbutt mit Muscheln und Nordseekrabben

FILETS DE TURBOT AUX CREVETTES ET MOULES

Zutaten für vier Personen
16 Muscheln
100 ml Wasser
200 ml Fischfond
(siehe Seite 22)
etwa 16 Nordseekrabben
4 Steinbuttfilets
von je etwa 170 g
1 Schalotte
100 ml trockener Weißwein
200 ml Sahne
1 Eigelb
20 g kalte Butter
Salz, frisch gemahlener Pfeffer

Zubereiten

☆ Die Muscheln unter fließendem Wasser abbürsten. Beschädigte Muscheln und alle, die beim Waschen auf der Wasseroberfläche schwimmen, entfernen.

☆ Etwa 100 ml Wasser mit der Hälfte des Fischfonds in einen flachen weiten Topf geben und die Muscheln einlegen. Zugedeckt etwa 3–4 Minuten kochen, bis sich die Muscheln geöffnet haben. Nach dem Kochen noch geschlossene Muscheln ebenfalls entfernen. Anschließend das Muschelfleisch auslösen und mit den Nordseekrabben vermischen.

☆ Die Steinbuttfilets mit Salz und frisch gemahlenem Pfeffer würzen und in einen ausgebutterten, mit der fein gewürfelten Schalotte ausgestreuten flachen Topf legen. Den restlichen Fischfond sowie den Weißwein angießen. Zudecken und zum Kochen bringen. Über reduzierter Hitze etwa 4–6 Minuten pochieren. Danach die Filets herausheben und warm halten.

☆ Den Pochierfond schnell auf ein Viertel reduzieren. Etwa 150 ml Sahne einrühren und weitere 5 Minuten über reduzierter Hitze kochen lassen. Die restliche Sahne mit dem Eigelb verquirlen und abseits vom Herd in die Sauce rühren, um sie zu binden. Anschließend die kalte Butter flockenweise mit dem Rührbesen einschwenken. Die Sauce durch ein Sieb passieren und warm halten. Nicht mehr kochen lassen, da sie sonst gerinnt.

☆ Die pochierten Steinbuttfilets auf ofenfeste Teller legen und mit den Muscheln und Seekrabben belegen. Mit der Sauce überziehen und unter dem heißen Grill goldbraun überbacken.

Steinbutt in der Pilzkruste auf Rotweinsauce

Zutaten für vier Personen
4 Steinbuttfilets
von je etwa 125 g
Salz, frisch gemahlener Pfeffer
etwas Kresse als Garnitur

Für die Pilzkruste
1 kleine Schalotte
50 g Butter
100 g Champignons
Saft von ½ Zitrone
40 g weiche Weißbrotkrumen
1 EL fein geschnittene Kräuter
(Dill, Petersilie, Thymian)

Für die Sauce
200 ml Fischfond (siehe Seite 22)
150 ml Rotwein
100 ml Portwein
2 kleine Schalotten
100 ml Sahne
100 g kalte Butter

Zubereiten

☆ Für die Pilzkruste die fein geschnittene Schalotte in der Hälfte der Butter glasig dünsten. Die geputzten Champignons fein hacken, mit etwas Zitronensaft beträufeln und zu den Schalottenwürfeln geben. Etwa 1–2 Minuten sautieren und mit Salz und frisch gemahlenem Pfeffer würzen. Aus der Pfanne nehmen und die überschüssige Flüssigkeit abgießen. Mit den weichen Weißbrotkrumen, den fein geschnittenen Kräutern und der restlichen Butter vermischen und etwas nachwürzen.

☆ Die Steinbuttfilets nur wenig pfeffern und salzen. In eine ausgebutterte, feuerfeste Form legen, mit der Pilzmischung bedecken und den Fischfond angießen. Im 220° C heißen Ofen etwa 5–8 Minuten pochieren. Die Filets herausheben und warm halten.

☆ Für die Sauce den Pochierfond in eine kleine Kasserolle umschütten. Zusammen mit dem Rotwein, dem Portwein sowie der klein gewürfelten Schalotte aufkochen und auf ein Viertel reduzieren. Die Sahne einrühren und weitere 2 Minuten über geringer Hitze kochen lassen. Anschließend abseits vom Herd die kalte Butter flockenweise einschwenken. Die Sauce durch ein Sieb passieren, nochmals abschmecken und mit dem Schnellmixstab schaumig aufschlagen.

☆ Auf vier vorgewärmte Teller einen Saucenspiegel gießen und darauf die überkrusteten Steinbuttfilets plazieren. Mit etwas Kresse garnieren und auftragen.

Steinbuttfilets im Kohlblatt

FILETS DE TURBOT EN HABIT VERT

Zutaten für vier Personen
4 Steinbuttfilets
von je etwa 150 g
Salz, frisch gemahlener Pfeffer
4 Wirsingkohlblätter
400 ml Fischfond (siehe Seite 22)
rote Paprikasauce aus der
halben Menge der auf Seite 28
angegebenen Zutaten
gelbe Paprikasauce aus der
halben Menge der auf
Seite 29 angegebenen Zutaten

Zubereiten

☆ Die Saucen zubereiten, wie auf den Seiten 28 und 29 beschrieben wird, und warm halten.

☆ Die Steinbuttfilets rautenförmig zurechtschneiden und mit Salz und frisch gemahlenem Pfeffer würzen.

☆ Die Wirsingkohlblätter – oder nach Belieben auch grüne Salatblätter – kurz in kochendem Salzwasser blanchieren, kalt abschrecken und trockentupfen.

☆ Die Steinbuttfilets je zur Hälfte in ein Wirsingblatt wickeln. In einen Dämpfeinsatz legen und über dem Fischfond etwa 4–6 Minuten dämpfen.

☆ Vier vorgewärmte Teller jeweils zur Hälfte mit der roten und der gelben Paprikasauce ausgießen. Die Steinbuttfilets darüber plazieren und auftragen.

Steinbuttmedaillons mit Trüffelstreifen

MÉDAILLONS DE TURBOT TIÈDE AUX TRUFFES NOIRES

Zutaten für vier Personen

20 g Butter
220 ml Fischfond (siehe Seite 22)
4 Steinbuttfilets
von je etwa 150 g
einige Safranfäden
100 ml Crème double
2 EL Olivenöl
½ EL Weißweinessig
einige Blätter Eichblatt-
und Friséesalat
10 g feine Trüffelstreifen
etwas gezupfte Petersilie
etwas Schnittlauch
1 Prise Paprika
Salz, frisch gemahlener Pfeffer

Zubereiten

☆ Die Butter in einer weiten, flachen Kasserolle schmelzen, 60 ml Fischfond zugießen und aufkochen. Die mit Salz und frisch gemahlenem Pfeffer gewürzten Steinbuttmedaillons einlegen, mit einem gebutterten Pergamentpapier abdecken und in etwa 5 Minuten auf den Punkt garen. Herausnehmen und warm halten.

☆ Den restlichen Fischfond zugießen und die Safranfäden einstreuen. Zum Kochen bringen und auf etwa 4 Eßlöffel einkochen. Die Crème double einrühren und nochmals auf die Hälfte reduzieren. Durch ein feines Sieb gießen und mit Salz und frisch gemahlenem Pfeffer abschmecken.

☆ Das Olivenöl mit dem Weinessig zu einer Vinaigrette verquirlen und mit etwas Salz und frisch gemahlenem Pfeffer würzen. Die gewaschenen und trockengetupften Salatblätter in der Vinaigrette wenden.

☆ Die warmen Steinbuttmedaillons auf vier Teller verteilen, mit den Trüffelstreifen bestreuen und mit etwas gezupfter Petersilie garnieren. Je 1 Eßlöffel Safransauce auf die Teller geben und einige Salatblätter daneben plazieren. Mit Schnittlauchabschnitten und einer Prise Paprika vollenden.

Hinweis

Nach dem Pochieren soll man den Steinbutt
etwas abkühlen lassen. Da er ein sehr
gelatinehaltiger Fisch ist, schmeckt er besser,
wenn er lauwarm gegessen wird.

Kraken nach Marseiller Art

POULPE À LA MARSEILLAISE

Zutaten für vier Personen
800 g Kraken
3 EL Olivenöl
1 kleine Lauchstange
200 g Tomatenwürfel
1 mittelgroße gewürfelte Zwiebel
1 Knoblauchzehe
einige Safranfäden
1 Bouquet garni (Thymian,
Fenchel, Lorbeerblatt, Sellerie)
150 g Langkornreis
Salz, frisch gemahlener Pfeffer
2 EL fein geschnittene
Petersilie als Garnitur

Zubereitung

☆ Die gesäuberten Kraken in kleine Stücke schneiden und mit Salz und frisch gemahlenem Pfeffer würzen.

☆ Das Olivenöl in einer Kasserolle erhitzen, die Krakenstücke zufügen und über scharfer Hitze goldbraun sautieren.

☆ Anschließend die Hitze reduzieren und den gründlich gewaschenen und in feine Streifen geschnittenen Lauch einstreuen. Sobald er beginnt, Farbe anzunehmen, die Tomatenwürfel (von abgezogenen und entkernten Tomaten), die gewürfelte Zwiebel, die durch die Knoblauchpresse getriebene Knoblauchzehe sowie einige Safranfäden zufügen. Unter Rühren kurz andünsten, danach so viel Wasser zugießen, daß der Topfinhalt gut bedeckt ist. Das Bouquet garni einlegen, zudecken und über geringer Hitze etwa 1 Stunde kochen lassen. Dabei mehrfach Wasser nachgießen, damit der Topfinhalt stets bedeckt bleibt.

☆ Anschließend den Langkornreis einrühren und zugedeckt weitere 20 Minuten über geringer Hitze garen. Danach das Bouquet garni entfernen und den Reis mit Salz und frisch gemahlenem Pfeffer abschmecken. Mit Petersilie bestreuen und servieren.

Hinweis
Je kleiner die Kraken sind, desto kürzer ist die Kochzeit. Für dieses Gericht kann man statt Kraken auch Tintenfische verwenden.

Krakenragout in Rotwein

Zutaten für vier Personen
800 g kleine Kraken
2 EL Olivenöl
250 ml trockener Rotwein
300 ml Fischfond
(siehe Seite 22)
3–4 kleine Tomaten
2 EL fein geschnittenes
Fenchelgrün
4 kleine Lauchzwiebeln
Salz, frisch gemahlener Pfeffer
1 EL fein geschnittene
Blattpetersilie als Garnitur

Zubereiten

☆ Die kleinen Kraken vorbereiten, wie auf Seite 17 beschrieben. Anschließend in kleinfingerdicke Scheiben schneiden und mit Salz und frisch gemahlenem Pfeffer würzen.

☆ Das Olivenöl in einer Kasserolle erhitzen und die Krakenstücke einrühren. Etwa 4–5 Minuten sautieren, bis sie leicht gebräunt sind.

☆ Anschließend mit dem Rotwein ablöschen und den Fischfond zugießen

☆ Inzwischen die Tomaten brühen, kalt abschrecken und abziehen. Entkernen und in kleine Würfel schneiden. Die Tomatenwürfel zusammen mit dem Fenchelgrün in das Ragout rühren und mit Salz und frisch gemahlenem Pfeffer abschmecken. Zudecken und in etwa 45 Minuten weich schmoren, dabei von Zeit zu Zeit, falls nötig, etwas Fischfond zugießen.

☆ Kurz vor Ende der Garzeit die geputzten, gewaschenen und in feine Ringe geschnittenen Lauchzwiebeln zufügen und das Ragout nochmals abschmecken.

☆ Mit der fein geschnittenen Petersilie bestreuen und servieren.

Hinweis
Je kleiner und zarter die Kraken sind,
desto kürzer ist die Kochzeit. Auch kalt schmeckt
das Ragout sehr gut.

Gefüllte Tintenfische mit Pinienkernen

Zutaten für vier Personen
4 Tintenfische
von je etwa 200 g
2 EL Olivenöl
3 mittelgroße Tomaten
400 ml Tomatensaft
100 ml halbtrockener Weißwein
Salz, frisch gemahlener Pfeffer
etwas Basilikum als Garnitur

Für die Füllung
1 große Zwiebel
1 EL Olivenöl
100 g Langkornreis
80 g Pinienkerne
40 g Korinthen
2 EL fein geschnittene
Petersilie

Zubereiten

☆ Die Tintenfische vorbereiten, wie auf Seite 17 beschrieben wird, abspülen und trockentupfen. Die abgetrennten Tentakeln als Garnitur verwenden.

☆ Für die Füllung die fein gewürfelte Zwiebel im Olivenöl glasig dünsten. Anschließend den Reis, die Pinienkerne und die mit heißem Wasser abgespülten Korinthen sowie die fein geschnittene Petersilie einrühren und mit Salz und frisch gemahlenem Pfeffer abschmecken.

☆ Die Tintenfischbeutel etwa drei Viertel mit der Mischung füllen, da der Reis während des Garens quillt, und mit hölzernen Cocktailspießchen zustecken.

☆ Das Olivenöl in einer Pfanne erhitzen und darin die gefüllten Tintenfische sowie die Tentakeln etwa 2 Minuten über scharfer Hitze sautieren.

☆ Die sautierten Tintenfische samt den Tentakeln anschließend in eine ofenfeste Form geben, die in feine Würfel geschnittenen Tomaten, den Tomatensaft und den Weißwein zufügen. Mit Salz und frisch gemahlenem Pfeffer würzen.

☆ Die Form mit Aluminiumfolie abdecken und im 180° C heißen Ofen etwa 45 Minuten schmoren, bis die Tintenfische weich sind und die Sauce eine sämige Konsistenz hat. Falls erforderlich, während der Schmorzeit noch etwas Tomatensaft angießen.

☆ Danach die Tintenfische und die Tentakeln herausheben und die Sauce durch ein feines Sieb passieren.

☆ Die Tintenfische samt ihren Tentakeln auf vier vorgewärmte Teller verteilen und etwas Tomatensauce angießen. Mit einem frischen Basilikumblatt garnieren und auftragen.

Hinweis
Als Beilage zu diesem Gericht, das man sowohl heiß wie kalt servieren kann, eignet sich vorzüglich ein Ratatouille.
Anstatt den Tintenfisch in der Tomatensauce zu schmoren, kann man ihn auch in einem kräftigen Fischfond pochieren und eine Tomatensauce getrennt dazu reichen (siehe Abbildung).

Aal in grüner Sauce

ANGUILLE POCHÉE, SAUCE VERTE

Zutaten für vier Personen

1,2 kg Aal
Salz, frisch gemahlener Pfeffer
1 EL Zitronensaft
400 ml Fischfond
(siehe Seite 22)
150 ml trockener Weißwein
100 g weiße Rübchen
einige Petersilienstiele
100 g Zwiebeln
1 Lorbeerblatt
10 weiße Pfefferkörner
1 TL Wacholderbeeren
20 g Butter
1 TL Weizenmehl
1 Eigelb
80 ml Crème double
2 EL fein geschnittener Dill
4 frische Salbeiblätter
Salz, frisch gemahlener Pfeffer
1 Prise Zucker

Zubereiten

☆ Den abgezogenen Aal abspülen, trockentupfen und in etwa 3 cm dicke Scheiben schneiden. Mit Salz und frisch gemahlenem Pfeffer würzen, mit dem Zitronensaft beträufeln und 15 Minuten marinieren.

☆ Inzwischen den Fischfond zusammen mit dem Weißwein zum Kochen bringen. Die in Scheiben geschnittenen weißen Rübchen, die Petersilienstiele und die grob gewürfelten Zwiebeln einstreuen. Das Lorbeerblatt sowie die leicht zerdrückten Pfefferkörner und Wacholderbeeren zufügen. Den Fond etwa 10 Minuten über gelinder Hitze kochen lassen und mit Salz und frisch gemahlenem Pfeffer sowie einer Prise Zucker würzen.

☆ Anschließend die Aalstücke in den Fond einlegen und 5 Minuten pochieren. Herausheben und mit einem in heißes Wasser getauchten und gut ausgewrungenen Küchentuch abdekken, damit sie warm bleiben und nicht austrocknen.

☆ Den Pochierfond schnell über Eiswürfeln abkühlen und durchseihen.

☆ In einem kleinen Topf die Butter schmelzen und das Mehl zufügen. Eine Minute unter ständigem Rühren blond anrösten, danach 250 ml des Pochierfonds nach und nach einrühren. Etwa 5 Minuten über gelinder Hitze kochen lassen.

☆ Das Eigelb mit der Crème double verquirlen und abseits vom Herd in die Sauce rühren. Nach Belieben mit dem Schnellmixstab schaumig aufschlagen. Nicht mehr kochen lassen, da sie sonst gerinnt.

☆ Die Sauce nochmals abschmecken, die fein geschnittenen Kräuter einrühren und die Aalstücke unterheben. Sofort servieren.

Aalspießchen nach japanischer Art

Zutaten für vier Personen

900 g abgezogener Aal
80 ml Sake
2 EL Honig
3 EL Sojasauce
1 TL fein geschnittene
Ingwerknolle
1 Gemüsezwiebel
1 EL Erdnußöl
100 ml Joghurt
1½ EL fein geschnittenes
Koriandergrün
Salz, mildes Paprikapulver

Zubereiten

☆ In einem kleinen Topf den Sake mit dem Honig und der Sojasauce vorsichtig erhitzen. Den fein geschnittenen Ingwer in die Flüssigkeit einrühren und diese über den in 4 cm große Stücke geschnittenen Aal gießen. Zugedeckt im Kühlschrank etwa 6 Stunden marinieren.

☆ Danach die Aalstücke herausheben und trockentupfen. Die Marinade für die Sauce zurückbehalten.

☆ Die Gemüsezwiebel schälen, halbieren und in die einzelnen Lagen zerpflücken. Diese in etwa 2 cm große Quadrate schneiden.

☆ Die Aalstücke abwechselnd mit den Zwiebelquadraten auf Metallspießchen stecken, leicht mit dem Erdnußöl bestreichen und mit Salz und etwas mildem Paprikapulver bestreuen.

☆ Auf einem Holzkohlengrill etwa 8 Minuten grillen, dabei häufig wenden.

☆ Inzwischen die Sauce zubereiten. Dafür etwa die Hälfte der zurückbehaltenen Marinade mit dem Joghurt verrühren. Abschmecken und das fein geschnittene Koriandergrün unterheben.

☆ Die Aalspießchen auf vier vorgewärmte Teller verteilen und mit der Sauce umgießen. Mit etwas Paprika bestäuben.

Hinweis

Koriandergrün, auch chinesische Petersilie genannt, wird erst neuerdings in Deutschland bekannt, obwohl es das am häufigsten gebrauchte Küchenkraut der Welt ist. Sein klares, kräftiges Aroma, das völlig verschieden von dem der Korianderkörner ist, bestimmt den Geschmack vieler Gerichte des Mittelmeerraums, Indiens und des Fernen Ostens. Auch in der Küche Mittelamerikas wird es als Cilantro verwendet. Man kann es in griechischen und türkischen Spezialitätengeschäften kaufen, aber auch selbst im Kräutergarten ziehen.

Gegrillter Aal auf Linsen

ANGUILLE GRILLÉE AUX LENTILLES JAUNES

Zutaten für vier Personen

800 g abgezogener Aal
20 g Butter
150 g gelbe Linsen
300 ml heller Geflügelfond
(siehe Seite 24)
1 EL Sherry-Essig
2 EL Walnußöl
Salz, frisch gemahlener Pfeffer
3 EL fein geschnittene
Petersilie als Garnitur

Für die Marinade

50 g Karottenwürfel
30 g Selleriewürfel
20 g Zwiebelwürfel
1 kleine Knoblauchzehe
200 ml trockener Rotwein
2 Thymianzweige

Zubereiten

☆ Für die Marinade die Karotten-, Sellerie- und Zwiebelwürfel sowie die fein zerdrückte Knoblauchzehe miteinander vermischen. Den Rotwein darübergießen und die Thymianzweige zufügen.

☆ Den abgezogenen Aal in 4–5 cm große Stücke schneiden, in eine tiefe Schüssel geben und mit der Marinade übergießen. Mit Frischhaltefolie abdecken und im Kühlschrank etwa 24 Stunden marinieren.

☆ Die Linsen waschen und über Nacht einweichen.

☆ Am nächsten Tag die Aalstücke sowie die Karotten- und Selleriewürfel aus der Marinade heben und mit Küchenpapier trockentupfen.

☆ Die Butter in einem großen Topf schmelzen lassen und darin die Gemüsewürfel etwa 2–3 Minuten andünsten.

☆ Die eingeweichten und gut abgetropften Linsen sowie den Geflügelfond zufügen. Leicht salzen und über gelinder Hitze in etwa 25 Minuten weichkochen. Anschließend den Sherry-Essig einrühren, die Linsen nochmals abschmecken und warm halten.

☆ Die Aalstücke mit dem Walnußöl bepinseln und unter einem mäßig heißen Grill etwa 3 Minuten von jeder Seite grillen.

☆ Die Linsen in eine vorgewärmte Schüssel legen und darüber den gegrillten Aal plazieren. Mit der fein geschnittenen Petersilie bestreuen und servieren.

Äschenfilets nach provenzalischer Art

FILETS DE POLLAN PROVENÇAL

Zutaten für vier Personen

600 g Äschenfilets
Salz, frisch gemahlener Pfeffer
etwas Mehl
2 EL Olivenöl

Für die Sauce

30 g Butter
3 kleine Schalotten
1 Knoblauchzehe
4 Tomaten
je 25 g schwarze
und grüne Oliven
100 ml Rotwein
1 Stengel Basilikum

Zubereiten

☆ Für die Sauce die Butter in einer Kasserolle erhitzen und darin die fein gewürfelten Schalotten zusammen mit der fein gehackten Knoblauchzehe glasig dünsten. Die gewürfelten Tomaten – zuvor abziehen und entkernen – einrühren und einige Minuten dünsten.

☆ Die Oliven entkernen, in dünne Längsstreifen schneiden und in die Tomatenmischung rühren. Den Rotwein angießen und das Basilikum zufügen. Weitere 8–10 Minuten über gelinder Hitze dünsten. Danach abschmecken und warm halten.

☆ Inzwischen die Äschenfilets mit Salz und frisch gemahlenem Pfeffer würzen und mit etwas Mehl bestäuben. Das Olivenöl in einer beschichteten Pfanne erhitzen und darin die Filets von jeder Seite etwa 3 Minuten goldbraun braten.

☆ Die Äschenfilets auf vier vorgewärmte Teller verteilen, mit der heißen Sauce überziehen und sofort servieren.

Hinweis

Dieses Gericht kann man auch mit anderen weißfleischigen Fischen wie etwa Zander oder Hecht bereiten. Falls nur ein Hauch von Knoblauch erwünscht ist, sollte die Knoblauchzehe im Ganzen gelassen und vor dem Servieren entfernt werden.

Pazifischer Felsenbarsch im eigenen Saft

Zutaten für vier Personen

4 Filetstücke vom Felsenbarsch
von je 160 g
50 g weiche Butter
25 g Ingwerwurzel
50 g Karotten
4 Lauchzwiebeln
8 kleine chinesische
Pilze (Wolkenohren)
4 Kirschtomaten
Salz, frisch gemahlener Pfeffer

Zubereiten

☆ Die geschuppten und sorgfältig entgräteten Fischstücke mit Salz und frisch gemahlenem Pfeffer würzen.

☆ Vier Beutel aus Bratfolie mit weicher Butter ausstreichen. Je ein gewürztes Fischstück hineingeben und mit einem kleinen Stück Butter belegen.

☆ Den geschälten Ingwer ebenso wie die geschälten Karotten in dünne Scheiben schneiden. Die geputzten Lauchzwiebeln in Abschnitte teilen und die eingeweichten chinesischen Pilze gut ausdrücken. Die Kirschtomaten kurz in kochendes Wasser tauchen, kalt abschrecken und schälen.

☆ Die Fischstücke mit den Gemüsen umlegen und die Beutel luftdicht verschließen.

☆ Auf einem Backblech in den 180° C heißen Ofen schieben und etwa 10 Minuten garen.

☆ Den Fisch im Beutel servieren und erst bei Tisch öffnen.

Hinweis

Der Felsenbarsch ist ein vorzüglicher Speisefisch aus dem Indopazifik. In den Restaurants von Hongkong heißt er, obwohl er keine Forelle ist, Coral Trout und gilt als besondere Delikatesse. Da er leider nur selten bei uns angeboten wird, kann man zu diesem fernöstlich inspirierten Gericht statt dessen Rotbarben verwenden.

Blaufisch auf Kohlstreifen mit Buttersauce

Zutaten für vier Personen

8 Blaufischfiletstücke
von je etwa 80 g
2 Scheiben Frühstücksspeck
25 g Butter
200 g fein geschnittener
Weißkohl
1 TL Weißweinessig
1 EL fein geschnittene
Petersilie
1 EL fein geschnittener
Estragon
Salz, frisch gemahlener Pfeffer

Für die Buttersauce

2 kleine Schalotten
100 ml trockener Weißwein
200 ml Fischfond
(siehe Seite 22)
4 EL Crème double
150 g kalte Butter
Saft von ½ Zitrone
1 Prise Cayennepfeffer
150 ml Rotwein

Zubereiten

☆ Für die Sauce die fein gewürfelten Schalotten zusammen mit dem Weißwein und dem Fischfond zum Kochen bringen und schnell auf die Hälfte einkochen. Die Crème double einrühren und nochmals leicht reduzieren. Abseits vom Herd die kalte Butter flöckchenweise einschwenken. Anschließend die Sauce durch ein feines Sieb passieren, mit Zitronensaft, Salz und einer Prise Cayennepfeffer abschmecken und im Wasserbad warm halten. Kurz vor dem Anrichten mit dem Schnellmixstab schaumig aufschlagen. Den Rotwein auf 1 Eßlöffel einkochen und mit etwa 4 Eßlöffeln Sauce zu einer farbigen Kontrastsauce vermischen.

☆ Unterdessen den in Querstreifen geschnittenen Frühstücksspeck in der Butter anbraten. Den in feine Streifen geschnittenen Weißkohl einrühren, mit dem Weinessig und etwa 1 Eßlöffel Wasser befeuchten und weich – aber noch mit Biß – schmoren. Mit Salz und frisch gemahlenem Pfeffer würzen und mit den fein geschnittenen Kräutern vermischen.

☆ Die Fischfilets würzen, in einen Locheinsatz legen und über Dampf etwa 3–4 Minuten garen.

☆ Die Kohlstreifen auf vier vorgewärmte Teller verteilen und darauf die Blaufischfilets mit der Hautseite nach oben plazieren. Mit der Buttersauce umgießen und je 1 Eßlöffel Rotweinsauce als Ornament auf den Saucenspiegel setzen.

Glattbutt im Gemüsemantel auf Schnittlauchcreme

BARBUE À LA MOUTARDE, ENROBÉE DE LÉGUMES,
SAUCE À LA CIBOULETTE

Zutaten für vier Personen
4 Glattbuttfilets
von je etwa 150 g
etwas Dijon-Senf
1 mittelgroßer weißer Rettich
2 große Karotten
je 2 mittelgroße gelbe
und grüne Zucchini
25 g flüssige Butter
Salz, frisch gemahlener Pfeffer
4 Radieschen als Garnitur

Für die Sauce
1 kleine Schalotte
100 ml trockener Weißwein
50 ml Noilly Prat
200 ml Fischfond
(siehe Seite 22)
150 ml Sahne
etwas Zitronensaft
25 g kalte Butter
2 EL fein geschnittener
Schnittlauch

Zubereiten

☆ Die vier Fischfilets halbieren, mit Salz würzen und die Oberseite leicht mit Dijon-Senf bestreichen.

☆ Die geputzten Gemüse längs in hauchdünne breite Streifen schneiden und in kochendem Salzwasser blanchieren.

☆ Je vier gewürzte Fischstücke abwechselnd mit den Karotten- und Rettichstreifen umwickeln, mit den gelben und grünen Zucchinistreifen die übrigen vier.

☆ Diese Päckchen mit der flüssigen Butter bepinseln und in eine gebutterte, ofenfeste Form legen. Mit etwas Weißwein und Fischfond von den Saucenzutaten benetzen und mit Aluminiumfolie abdecken. Im 200° C heißen Ofen etwa 10 Minuten garen.

☆ Inzwischen die Sauce zubereiten. Dafür die fein gewürfelte Schalotte zusammen mit dem Weißwein und dem Noilly Prat in einer kleinen Kasserolle auf die Hälfte einkochen. Den Fischfond zugießen und nochmals auf die Hälfte reduzieren. Anschließend die Sahne einrühren und etwa 5–8 Minuten über gelinder Hitze zur sämigen Konsistenz einkochen. Die Sauce durch ein feines Sieb passieren, nochmals mit Salz, frisch gemahlenem Pfeffer und etwas Zitronensaft abschmecken. Abseits vom Herd die kalte Butter flöckchenweise einschwenken, mit dem Schnellmixstab schaumig aufschlagen und den fein geschnittenen Schnittlauch einstreuen.

☆ Auf vier vorgewärmte Teller einen Saucenspiegel gießen und darauf die Glattbuttfilets plazieren. Mit den in kleine Kugeln ausgestochenen Radieschen garnieren und sofort auftragen.

Kedgeree

Zutaten für vier Personen
200 g Nordseekrabben
in der Schale
200 g Räucherschellfisch
600 ml kochendes Wasser
200 g Lachs
4 TL Olivenöl
1 Gemüsezwiebel
150 g Langkornreis
1 TL Currypaste oder -pulver
20 g Butter
2 hartgekochte Eier
20 g fein geschnittene
Petersilie
Salz, frisch gemahlener Pfeffer

Zubereiten
☆ Die Krabben aus den Schalen lösen. Die Schalen in einen Topf geben und darauf den Räucherschellfisch legen. Das kochende Wasser angießen, zudecken und den Schellfisch etwa 10 Minuten über gelinder Hitze pochieren.

☆ Den Schellfisch herausnehmen, den frischen Lachs einlegen und ebenfalls pochieren.

☆ Anschließend beide pochierten Fischstücke häuten und entgräten. Haut und Gräten in den Pochierfond zurückgeben und diesen über gelinder Hitze weiterkochen lassen.

☆ Die beiden Fischstücke zerpflücken und mit den Krabben vermischen. Mit etwas Salz und frisch gemahlenem Pfeffer würzen.

☆ Inzwischen das Olivenöl in einer großen Kasserolle erhitzen und darin die fein gewürfelte Zwiebel glasig andünsten. Den gewaschenen und gut abgetropften Reis einrühren. Sobald der Reis glasig ist, die Currypaste zufügen.

☆ Anschließend den Pochierfond durch ein Sieb zum Reis gießen und diesen über gelinder Hitze in etwa 18 Minuten weichkochen.

☆ Den zerpflückten Fisch und die Krabben unter den Reis heben und so viel Butter zufügen, daß der Reis schön glänzt. Nochmals leicht erhitzen und abschmecken.

☆ Das Kedgeree in einer vorgewärmten Schüssel anrichten, mit den geviertelten Eiern umlegen und mit der fein geschnittenen Petersilie bestreuen.

Hinweis
Kedgeree ist ein angloindisches Gericht.
Ursprünglich bestand es nur aus Reis, Linsen,
Zwiebeln, Butterschmalz und Fisch. Es kam bereits
im achtzehnten Jahrhundert nach England, wo es
bald zu einem beliebten Frühstücksgericht wurde.
Heute wird es als Hauptgericht serviert.

Mixed Grill von Edelfischen

PANACHE DE POISSON

Zutaten für vier Personen
120 g Lachsfilet
120 g Wolfsbarschfilet
120 g Rotbarbenfilet
120 g Seezungenfilet
120 g Heilbuttfilet
Salz, frisch gemahlener Pfeffer
2 EL Olivenöl
1 kleine Karotte
25 g in Rauten geschnittener Lauch
etwas gezupfter Kerbel

Für die Sauce
4 EL trockener Weißwein
1 EL Noilly Prat
1 kleine Schalotte
250 ml Fischfond (siehe Seite 22)
200 ml Sahne
einige Safranfäden

Zubereiten

☆ Für die Sauce den Weißwein, den Noilly Prat sowie die fein gewürfelte Schalotte in einer kleinen Kasserolle zum Kochen bringen und auf die Hälfte reduzieren. Den Fischfond zugießen und nochmals auf die Hälfte einkochen. Die Sahne einrühren und die Safranfäden einstreuen. Über gelinder Hitze etwa 5 Minuten kochen lassen. Anschließend durch ein feines Sieb passieren, mit Salz und frisch gemahlenem Pfeffer würzen und warm halten.

☆ Die Fischfilets — Lachs, Wolfsbarsch und Rotbarbe mit Haut, Seezunge und Heilbutt abgezogen — jeweils in vier gleichmäßige Stücke schneiden. Mit Salz und frisch gemahlenem Pfeffer würzen und mit dem Olivenöl bepinseln. Von beiden Seiten goldbraun grillen.

☆ Für die Garnitur die geputzte Karotte mit einem Kanneliermesser längs einkerben und danach in dünne, blütenförmige Scheiben schneiden. Die Karottenscheiben und die Lauchrauten kurz in kochendem Salzwasser blanchieren.

☆ Auf vier vorgewärmte Teller einen Saucenspiegel gießen und darauf die gegrillten Fischstücke verteilen. Mit den Lauchrauten, den Karottenblüten und etwas gezupftem Kerbel garnieren und sofort servieren.

Lasagne mit Meeresfrüchten in Kerbelsauce

LASAGNE DE FRUITS DE MER, SAUCE AU CERFEUIL

Zutaten für vier Personen

320 g vorgekochte Meeresfrüchte
(Garnelen, Muscheln,
Jakobsmuscheln)
Safrannudelteig aus der
auf Seite 35 angegebenen
Zutatenmenge
200 ml Weißweinsauce
(siehe Seite 26)
etwas gezupfter Kerbel
4 EL fein geschnittener Kerbel
200 g entstielter Spinat
20 g Butter
Salz, frisch gemahlener Pfeffer

Zubereiten

☆ Einen Safrannudelteig zubereiten, wie auf Seite 35 beschrieben wird, und ihn so dünn wie möglich ausrollen. Anschließend in vier gleichmäßige Rechtecke schneiden.

☆ Eine Weißweinsauce zubereiten, wie auf Seite 26 beschrieben wird, und warm halten.

☆ Die vier Teigrechtecke halbieren. Je vier Hälften mit gezupften Kerbelblättchen belegen und mit den anderen Hälften bedecken. Die so entstandenen Rechtecke dünn auf die doppelte Größe ausrollen und nochmals halbieren. In reichlich kochendem Salzwasser in etwa 3 Minuten »al dente« garen. Die gegarten acht Nudelrechtecke herausheben und auf Küchenpapier abtropfen lassen.

☆ Inzwischen die Weißweinsauce nochmals erhitzen und mit dem Schnellmixstab schaumig aufschlagen. Den fein geschnittenen Kerbel einrühren und die Meeresfrüchte unterheben. Nochmals abschmecken.

☆ Den blanchierten, gut ausgedrückten Spinat grob hacken und in der Butter etwa 2−3 Minuten blanchieren. Mit Salz und frisch gemahlenem Pfeffer würzen.

☆ Die Nudelrechtecke eventuell nochmals in kochendem Salzwasser erhitzen und trockentupfen. Auf vier vorgewärmte Teller je ein Nudelrechteck plazieren, mit dem sautierten Spinat belegen und darüber die Meeresfrüchte in der Kerbelsauce verteilen. Mit den restlichen Nudelrechtecken abdecken und sofort servieren.

Frikassee von Meeresfrüchten

FRICASSÉE DE FRUITS DE MER

Zutaten für vier Personen

8 kleine Tintenfische
von je etwa 50 g
8 Jakobsmuscheln in der Schale
8 abgekochte Scampi
1 abgekochter Hummerschwanz
4 Kaiserschoten
25 g rote Paprikaschote
50 g Meeresalgen
25 g frische grüne Erbsen

Für die Sauce

1 kleine Schalotte
100 ml trockener Weißwein
50 ml Noilly Prat
100 ml Fischfond
(siehe Seite 22)
300 ml Sahne
Salz, frisch gemahlener Pfeffer
1 Prise Cayennepfeffer
etwas Zitronensaft
25 g eiskalte Butter

Zubereiten

☆ Die kleinen Tintenfische vorbereiten, wie auf Seite 17 beschrieben wird. Anschließend die Tentakel und die Körperbeutel abspülen, trockentupfen und in dünne Ringe schneiden.

☆ Die Schalen der Jakobsmuscheln mit einem kurzen, kräftigen Messer öffnen und das Muschelfleisch mit einem Eßlöffel auslösen. Nur die weiße Nuß und das orangefarbene Corail verwenden, abspülen und trockentupfen. Die weißen Nüsse waagerecht halbieren.

☆ Die ausgelösten Scampi längs halbieren, den abgekochten Hummerschwanz in acht Medaillons schneiden.

☆ Die Kaiserschoten putzen und ebenso wie das Stück rote Paprikaschote in fadendünne Streifen schneiden, kurz blanchieren und abtropfen lassen. Die frischen grünen Erbsen und die Meeresalgen ebenfalls blanchieren und abtropfen lassen.

☆ Für die Sauce die fein gewürfelte Schalotte zusammen mit dem Weißwein und dem Noilly Prat aufkochen und auf die Hälfte reduzieren. Den Fischfond zufügen und auf ein Viertel reduzieren. In die Reduktion die Sahne einrühren und über gelinder Hitze 5 Minuten kochen lassen. Mit Salz, frisch gemahlenem Pfeffer, einer Prise Cayennepfeffer und einigen Spritzern Zitronensaft abschmecken.

☆ Anschließend die Sauce durch ein feines Sieb in eine größere Kasserolle gießen und bis kurz unter den Siedepunkt erhitzen. Zuerst die Tintenfischringe zufügen und einige Minuten in der Sauce dünsten, bevor die Jakobsmuscheln eingelegt werden. Nach ½ Minute die Scampi und Hummerstücke zugeben. Zuletzt die blanchierten Gemüse unterheben, nochmals abschmecken und abseits vom Herd die eiskalte Butter in kleinen Flocken vorsichtig einschwenken.

☆ Das Frikassee auf vier vorgewärmte Teller verteilen und sofort servieren.

Fish and Chips

Zutaten für vier Personen
*800 g weißfleischiges Fischfilet
(Schellfisch, Kabeljau, Scholle
oder Seezunge)
Mehl zum Bestäuben
Salz, frisch gemahlener Pfeffer
900 g geschälte Kartoffeln
Öl oder Plattenfett
zum Fritieren*

Für den Ausbackteig
*110 g Weizenmehl
80 g Speisestärke
1 Ei
280 ml Wasser
Salz, frisch gemahlener Pfeffer
1 Prise Zucker
1 EL fein geschnittene
Petersilie*

Zubereiten

☆ Für den Ausbackteig das Weizenmehl und die Speisestärke zusammen in eine große Schüssel sieben. Das Ei trennen. Das Eigelb mit dem Wasser verquirlen, das Eiweiß zu steifem Schnee schlagen. Das mit Wasser verquirlte Eigelb in die Mehlmischung rühren und mit einem Holzlöffel zu einem glatten, dünnflüssigen Teig schlagen. Mit Salz, frisch gemahlenem Pfeffer sowie einer Prise Zucker würzen und die fein geschnittene Petersilie zufügen. Zuletzt den Eischnee unter den Teig ziehen.

☆ Das enthäutete Fischfilet in vier gleichmäßige Stücke teilen. – Nach Belieben etwa 30 Minuten mit etwas Zitronensaft, Salz, Pfeffer und je nach persönlichem Geschmack noch mit etwas Knoblauch marinieren.

☆ Die geschälten Kartoffeln in etwa 1 cm dicke und 5 cm lange Stäbchen schneiden und mit Küchenpapier abtupfen.

☆ Das Öl oder Fritierfett in der Friteuse auf 150° C erhitzen. Darin die Kartoffelstäbchen vorfritieren, bis sie fast gar sind. Herausheben und abtropfen lassen.

☆ Unterdessen die Friteuse auf 170° C stellen. Den Fisch – falls er nicht mariniert wurde – mit Salz und frisch gemahlenem Pfeffer würzen und mit Mehl bestäuben. Anschließend durch den Ausbackteig ziehen und etwa 2 Minuten vorfritieren. Herausheben und abtropfen lassen.

☆ Danach die Friteuse auf 190° C erhitzen und die Kartoffelstäbchen sowie den Fisch goldbraun ausbacken. Auf Küchenpapier entfetten und sofort servieren – nach Belieben in Tüten aus Zeitungspapier.

Verzeichnis der Fische

Aal

ANGUILLA ANGUILLA; franz. anguille

Ein Süßwasserfisch mit schlangenförmigem Körper und dicker schleimiger Haut, die nach Alter und Fangort gelblich, grün, braun, schwarz oder silbrig sein kann. Weibliche Aale werden 100−150 Zentimeter, männliche etwa 50 Zentimeter lang. Am besten sind Flußaale von etwa 1 Kilogramm Gewicht.

Aale haben einen faszinierenden Lebenslauf. Ihre Laichplätze liegen in den Tiefen der Sargassosee südöstlich von den Bermudas. Mit dem Golfstrom treiben die lanzettförmigen Aallarven während drei Jahren zu den Küsten und Flußmündungen Europas und Nordafrikas. Die jetzt zu kleinen Glasaalen gewordenen Larven wandern die Flußmündungen hinauf, um ins Süßwasser zu gelangen − sie können dabei sogar nasse Wiesen überqueren −, wo sie bis zu 12 Jahre bleiben. Mit Erreichung der Geschlechtsreife wechselt ihre Farbe von Gelblichbraun zu Silbrig, und sie wandern dann gewöhnlich im Herbst zurück ins Meer. Sie benötigen sechs Monate, um die Sargassosee zu erreichen, wo sie ablaichen und wahrscheinlich auch sterben. Die Flußaale Nordamerikas, Japans und Australiens leben und laichen ebenso.

Aale sind im Süßwasser über die ganze Welt verbreitet. Frisches Aalblut ist giftig, doch die Giftstoffe werde durch Hitzeeinwirkung und Räuchern unschädlich.

Das Aalfleisch ist wohlschmeckend, aber fett und daher vor allem bei zu reichlichem Genuß schwer verdaulich. Am besten sind die vollausgereiften Flußaale, die Silberaale, auf ihrem Weg zurück ins Meer. Man kauft sie am besten lebend und bereitet sie unmittelbar nach dem Schlachten zu. (Sie bewegen sich übrigens noch eine Zeitlang nach dem Tode.) Aale haben wenig Gräten, die sich zumeist im Schwanzstück befinden.

Fritierte Glasaale sind besonders in Spanien, Frankreich und Belgien eine Frühjahrsspezialität.

Auster

OSTREA EDULIS, CRASSOSTREA; frz. huître

Die drei verbreitetsten von etwa 300 Austernarten sind die europäische Auster (Ostrea edulis), die portugiesische (Crassostrea angulata) und die amerikanische (Crassostrea virginica). Die europäische Auster ist rund, relativ flach und hat den feinsten Geschmack; die portugiesische Auster ist langgezogen und gewölbt; die amerikanische ähnelt der europäischen. Austern wurden bereits von den Römern kultiviert, die die Austernzucht auch nach England brachten. Sie waren jahrhundertelang im Überfluß vorhanden und noch im 18. Jahrhundert ein Essen für arme Leute. Heute sind sie trotz ausgedehnter Zuchten knapp und teuer. Die europäische Auster trägt während der Sommermonate ohne R Eier in ihrer Schale und ist dann ungenießbar. Potugiesische und amerikanische können dagegen das ganze Jahre über gegessen werden. Austern kommen in allen warmen und gemäßigten Küstengewässern der Erde vor: an den europäischen, den Mittelmeer-, den atlantischen und pazifischen Küsten Amerikas und in den japanischen, australischen und neuseeländischen Küstengewässern.

Geschmack und Konsistenz des zarten, aromatischen Austernfleisches hängen von der Art, aber auch vom Standort der Zucht ab. Die Austern werden meist nach ihren Aufzuchtgebieten benannt, wobei die Franzosen ihre für die besten halten: die französischen Belons aus der Finistèremündung, die Arcachons aus dem Becken von Arcachon, die Marennes aus der Nähe von Rochefort, die bretonischen und die Isigny-Austern aus Nordfrankreich. Die Engländer erheben den gleichen Anspruch für ihre Colchester- und Whitstable-Austern, die Iren für ihre Austern aus der Galway Bay, die Holländer und Belgier für ihre Imperial- und Ostender Austern, ebenso die Amerikaner für ihre Olympias und Blue Points. Portugiesische Austern sind preiswerter, gelten allerdings als weniger gut im Geschmack.

Blaufisch

POMATOMUS SALTATOR; frz. tassergal

Ein Meeresrundfisch aus der Familie der Bastardmakrelen, stromlinienförmig und blaugrau; er wird etwa 1 Meter lang. Ein überaus gefräßiger Raubfisch, auch Bulldogge des Meeres genannt, der in den tiefen Gewässern von Atlantik und Mittelmeer lebt, jedoch im Sommer auch in die Küstengewässer Europas und Nordamerikas kommt.

Sein fettes, festes Fleisch wird besonders im Mittelmeerraum und in den Vereinigten Staaten geschätzt. Man kann es grillen, in Saucen dünsten und en papillote zubereiten. Kleine Blaufische werden gebraten.

Bonito

SARDA SARDA; frz. bonite

Der atlantische Bonito oder Pelamide ist ein Meeresrundfisch. Er gehört zur Familie der Thunfische und ähnelt der Makrele, deren größerer Verwandter er auch ist. Er wird bis zu 70 Zentimeter lang, lebt in großen Schwärmen und legt lange Strecken zurück. Fische aus der Familie der Pelamiden kommen in allen gemäßigten und tropischen Meeren der Welt vor.

Sein fettes Fleisch ist ausgezeichnet und ähnelt, wie man sagt, dem Kalbfleisch. Man kann ihn als Steak oder auf Spießchen *(en brochette)* grillen, aber auch dünsten und im Ofen schmoren. Bonito wird auch eingesalzen.

Flußbarsch

PERCA FLUVIATILIS; frz. perche

Ein Süßwasserrundfisch mit hohem Rücken und etwa fünf dunklen Querstreifen sowie zwei Rückenflossen, deren vordere stachelig ist. Die Bauch- und Afterflossen sind rot, der Rücken ist grünlich, der Bauch gelblichweiß. Die durchschnittliche Länge beträgt 15−35 Zentimeter bei einem Gewicht von 2−2,5 Kilogramm, obgleich er bis 6,5 Kilogramm wiegen kann. Ein naher Verwandter ist der Zander, der sich von ihm durch einen spitzeren, hechtähnlichen Kopf unterscheidet. Der Flußbarsch ernährt sich von Larven, Würmern, Fischlaich und seiner eigenen Brut. Er schwimmt in Schwärmen, die jedoch mit zunehmendem Alter der Fische kleiner werden. Seine festsitzenden Schuppen lassen sich am leichtesten unmittelbar nach dem Fang entfernen. Er ist in Seen und langsam fließenden Gewässern in ganz Westeuropa heimisch, wurde jedoch auch in Südafrika, Neuseeland und Australien angesiedelt.

Sein Fleisch ist delikat, mager und leicht verdaulich, allerdings sehr grätenreich. Kleinere Fische sollte man im ganzen fritieren, größere filetieren und wie Karpfen zubereiten. In der Schweiz ist Flußbarschfilet − Egli-Filet − eine Spezialität.

Forelle

SALMO TRUTTA; frz. truite

Die Forelle kommt weltweit in vielen Unterarten vor. Nach dem Standort werden Bach- und Seeforelle unterschieden. Sie ist silbergrau, je nach Standort auch goldbraun mit schwarzen, gelegentlich auch roten Rückenflecken und schwarzbrauner Schwanzflosse. Die Regenbogenforelle (trutta gairdneri) hat auf den Flanken einen rötlichen Längsstreifen, ihre Rückenflossen und ihre Schwanzflosse sind schwarz gesprenkelt. Sie wurde 1882 aus Kalifornien nach Europa gebracht und ist heute weltweit verbreitet. Sie ist robust, kann im Gegensatz zu der empfindlichen Bachforelle auch weniger sauberes Wasser vertragen und wird in Zuchtfarmen gehalten.

Das Fleisch der Bachforelle ist delikat mit einem feinen Nußaroma. Es ist leicht verdaulich und läßt sich gut entgräten. Größere Expemplare der Seeforelle können leicht trocken sein. Der Geschmack der Zuchtforellen hängt von der Qualität des Futters ab. Forellen werden »blau« gekocht, pochiert, gedämpft oder gebraten. Sie schmecken auch kalt oder geräuchert ausgezeichnet.

Garnele und Nordseekrabbe

PALAEMON SERRATUS; frz. crevette rose
CRANGON CRANGON; frz. crevette grise

Kleine Meereskrebse, die zu den Langschwanzkrebsen gehören. Diese beiden Arten sowie die etwas größeren Tiefseegarnelen (Pandalus borealis) aus arktischen Gewässern werden im Handel am häufigsten angeboten. Die kleineren Arten wie die Nordseekrabben leben vor allem in Küstennähe, eingegraben im Schlick. Nachts gehen sie auf Nahrungssuche; sie ernähren sich von Würmern, Weichtieren und Algen.

Ihre Qualität ist je nach Art verschieden, frisch gefangen sind sie am besten. Da sie leicht verderben, werden sie bereits an Bord abgekocht und kommen meist tiefgefroren in den Handel. Roh sollte man sie vorzugsweise in Meerwasser kurz abkochen. Man kann sie panieren und fritieren oder auf Spießchen grillen. Sie lassen sich vielseitig verwenden als Vorspeise, in Saucen oder auch als Garnitur zu den verschiedensten Fischgerichten.

Glattbutt

SCOPHTHALMUS RHOMBUS, frz. barbue

Ein Plattfisch, der dem Heilbutt ähnelt, jedoch ovaler ist und keine Verknöcherungen auf seiner grauen oder hellbraunen Oberseite hat. Gewöhnlich wird er mit einer Länge von 30–60 Zentimeter und einem Gewicht bis zu 4,5 Kilogramm angeboten. Er ist ein Meeresfisch, kommt jedoch auch in Flußmündungen vor. Wie der Heilbutt ist auch er linksäugig, während die Mehrzahl der Plattfische rechtsäugig ist. Gelegentlich kommen Kreuzungen zwischen Glattbutt und Steinbutt vor. Er wird im Mittelmeer, im Schwarzen Meer und im Atlantik bis hinauf nach Skandinavien gefangen.

Sein Fleisch ist weniger fein, weiß und fest als das des Steinbutts, dafür jedoch viel billiger. Es wird besonders in Frankreich und in Belgien geschätzt. Der Glattbutt wird wie Steinbutt zubereitet, jedoch mit einfacheren Saucen. Man kann ihn grillen, dünsten und, in Scheiben geschnitten, fritieren.

Glattrochen

RAJA BATIS; frz. raie, pocheteau

Die größte europäische Rochenart. Er ist ein Knorpelfisch (ohne Gräten), hat die Form eines Drachens, ist breit und flach mit zu Flügeln ausgebildeten Brustflossen mit einem langen, spitzen Schwanz und einer spitzen Schnauze. Er hat einen gefleckten, graubraunen Rücken und wird bis zu 2 Meter lang und 90 Kilogramm schwer. Rochen haben wie alle Knorpelfische Harnstoff im Blut, der einen Flüssigkeitsverlust des Gewebes verhindert und der sich nach der Tötung des Fisches zersetzt, stark nach Ammoniak riecht, aber nach 48 Stunden verschwindet. Der Rochen ist einer der wenigen Fische, die nicht frisch gefangen zubereitet werden dürfen, sondern nach zwei Tagen am besten sind. Er kommt im Atlantik bis Nordnorwegen und im Mittelmeer vor. Verwandte Arten sind in nordamerikanischen Gewässern heimisch.

Vom Glattrochen werden nur die Flügel angeboten, oft bereits gehäutet. Ihr Fleisch ist weiß und wohlschmeckend und ähnelt dem Fleisch der Taschenkrebse. Die Leber wird als Delikatesse angesehen. Das Fleisch wird gebraten, gegrillt oder pochiert, wobei es geliert. Es kann heiß, aber auch kalt serviert werden. »Rochen in schwarzer Butter« − raie au beurre noir − ist das bekannteste Rochengericht.

Hecht

ESOX LUCIUS; frz. brochet

Ein Süßwasserfisch mit langem, walzenförmigem, braungrün geflecktem Körper, mit einer kurzen, weit hinten stehenden Schwanzflosse. Der Kopf ist breit und flach mit langem Unterkiefer und sehr scharfen Zähnen. Er kann über 10 Kilogramm schwer werden. Das beste Gewicht für die Küche ist allerdings 2−2,5 Kilogramm. Er ist ein arger Räuber, der sich von Fischen, Fröschen und selbst kleineren Säugetieren ernährt. Er kommt in Seen, Teichen und langsam fließenden Gewässern der nördlichen Halbkugel vor, in Eurasien und Amerika.

Das Fleisch ist mager, fest, exzellent (größere Fische können allerdings etwas trocken sein), aber grätenreich. Bei schlechten Standorten kann es auch modrig schmecken. Die Leber gilt als Delikatesse. Kleinere Hechte kann man füllen, im ganzen pochieren oder schmoren. Scheiben und Filets sollte man braten oder schmoren. Das Fleisch größerer Hechte eignet sich ausgezeichnet für Terrinen und Mousseline. Hechtklößchen (quenelles de brochet) sind weltbekannt.

Heilbutt

HIPPOGLOSSUS HIPPOGLOSSUS, frz. flétan

Der größte Plattfisch mit einem länglich-ovalen, braunen, bei älteren Tieren schwarzbraunen Körper. Er ist rechtsäugig und kann über 4 Meter lang und über 300 Kilogramm schwer werden. Im ganzen angebotener Heilbutt ist junger Heilbutt, der meist im Gewicht von 1,5–3 Kilogramm erhältlich ist. Es gibt verschiedene Unterarten, den pazifischen, den grönländischen oder schwarzen Heilbutt und den weißen Heilbutt. Er ist ein langlebiger Raubfisch, der sich von kleineren Fischen ernährt und in arktischen Gewässern, im Nordatlantik, der Nordsee sowie im Pazifik heimisch ist.

Das Fleisch ist fest, weiß und schmackhaft, jedoch gröber als das vom Glatt- und Steinbutt. Es trocknet schnell aus und soll daher stets nur über gelinder Hitze gegart werden und unter ständigem Übergießen mit Flüssigkeit oder Fett. Die Leber ist eine Delikatesse; aus ihr wird wie aus der Dorschleber Lebertran gewonnen, eine der besten Quellen für Vitamin D. Heilbutt wird in Scheiben oder Filets geschnitten und pochiert oder gebraten, aber auch geräuchert.

Hering

CLUPEA HARENGUS; frz. hareng

Ein Meeresrundfisch mit schlankem, langgestrecktem Körper, kurzen Rückenflossen und großen, runden Augen. Sein Rücken ist seegrün, die Flanken sind silbrig. Er wird 20–40 Zentimeter lang und 80–250 Gramm schwer. Sprotten, Pilchards und Stinte gehören zur selben Familie. Heringe ernähren sich von kleinen Krebstieren, Meerschnecken, Fischlarven und Fischbrut. Sie werden nach ihrem Alter unterschieden: Matjes sind noch nicht geschlechtsreife Jungheringe. Vollheringe werden vor dem Ablaichen als Milchner (männlich) und Rogener (weiblich) gefangen. Abgelaichte sogenannte Leerheringe sind mager. Heringe sind heimisch im Nordatlantik (wo sie in den skandinavischen Gewässern am größten sind), in der Nordsee und in der Ostsee (wo sie am kleinsten sind) und im Nordpazifik.

Ihr Fleisch ist grätenreich, aber wohlschmeckend und fett, reich an Vitamin A und D sowie an ungesättigten Fettsäuren. Die Qualität ist je nach Jahreszeit verschieden. Frische oder grüne Heringe werden am besten gebraten oder gegrillt. Bismarckhering und Rollmops sind roh marinierte Filets. Matjesheringe werden leicht gesalzen und gereift und ebenfalls roh gegessen. Bücklinge werden heiß, die englischen Kippers dagegen kalt geräuchert. Heringsmilch und -rogen sind billig, aber sehr nahrhaft.

Hummer

Europäischer Hummer

HOMARUS VULGARIS; frz. homard

Europäische Languste

PALINURUS ELEPHAS; frz. langouste

Dies sind die beiden Hauptarten der in Europa heimischen Kriechkrebse. Der Hummer ist schwarzviolett mit glattem Panzer. Er hat acht Beine und zwei Scheren und wird etwa 60 Zentimeter lang. Beim Kochen wird er tiefrot. Die Languste ist braunrosa mit zwei Reihen heller Flecke entlang dem Schwanz. Ihr Panzer ist rauh. Sie hat zehn Beine und keine Scheren, aber zwei sehr lange Antennen. Sie wird etwa 50 Zentimeter lang. Hummer und Languste fressen Muscheln und Meerschnecken, aber auch verwesende Meerestiere. Fehlende Gliedmaßen können ihnen nachwachsen. Der europäische Hummer lebt in den kühleren Gewässern der nördlichen Hemisphäre und im Mittelmeer. Die europäische Languste bevorzugt die wärmeren Küstengewässer des Atlantiks und des Mittelmeers. Verwandte Arten kommen in allen anderen Meeren vor.

Der europäische Hummer, vor allem der schottische, wird besonders geschätzt. Mit einem Gewicht von 450–675 Gramm ist er am besten. Weibliche Hummer gelten als delikater. Sie haben einen breiteren Schwanz, unter dem sich Eier befinden können (Corail), die eine Delikatesse sind. Sie haben außerdem einen eßbaren Fleischstrang im Kopf, der beim männlichen Hummer fehlt. Die grünliche Leber ist ebenfalls eßbar. Von der Languste wird nur der Schwanz gegessen, der meist gefroren in den Handel kommt. Beide werden gekocht oder gegrillt und heiß oder kalt mit feinen Saucen serviert.

Jakobsmuschel und Pilgermuschel

PECTEN JACOBAEUS, PECTEN MAXIMUS;
frz. coquille Saint-Jacques

Meeresweichtiere mit fächerförmigen Schalen, deren Farbe weiß oder rosa bis rotbraun sein kann und die einen Durchmesser bis etwa 15 Zentimeter haben können. Sie sind weltweit in verschiedenen Unterarten verbreitet. Die große Pilgermuschel (Pecten maximus) ist im europäischen Atlantik heimisch. Sie wird oft mit der etwas kleineren Jakobsmuschel (Pecten jacobaeus) aus dem Mittelmeer verwechselt. Im Gegensatz zu anderen Muschelarten können diese Muscheln schwimmen, indem sie mit dem (eßbaren) weißen Muskel ihre Schalen öffnen und schließen.

Gegessen werden nur das weiße Muskelfleisch, die sogenannte »Nuß«, und der orangefarbene Rogensack, das Corail. Das Muskelfleisch kann gedämpft, sautiert, pochiert, gegrillt oder fritiert und mit verschiedenen Saucen serviert werden. Die Schalen werden gern als Ragout-fin-Schalen benutzt.

Kabeljau

GADUS MORHUA; frz. cabillaud

Ein Tiefseerundfisch und gefräßiger Raubfisch mit großem Kopf, langen Bartfäden und langgestrecktem Körper. Sein Rücken ist olivgrün oder braun mit gelben oder braunen Tupfen. Auf den Flanken ist je ein heller Streifen, der über der Brustflosse gebogen, zum Schwanz hin gerade verläuft. Er wird 80—150 Zentimeter lang und 3—10 Kilogramm schwer. Er ist der wirtschaftlich bedeutendste Speisefisch im nordatlantischen Raum. Der Dorsch ist der noch nicht geschlechtsreife Kabeljau und wird im Gegensatz zu diesem in Küstengewässern gefangen. Zur gleichen Familie gehören Wittling, Schellfisch, Seehecht, Alaskapollack und Köhler. Der Kabeljau ist in der Arktis um Murmansk und Grönland, im Nordatlantik bis Nordspanien, in der Nordsee und Ostsee, an der Ostküste der Vereinigten Staaten, aber auch an der Westküste Kanadas zu finden.

Das Fleisch des Kabeljaus ist mager, fest und wohlschmeckend. Aus der Leber wird der Lebertran gewonnen. Er wird in Filets, Scheiben oder Steaks angeboten und kann gebraten, gedämpft, geschmort oder gegrillt werden. Schwanzstücke kann man im ganzen pochieren. Er wird außerdem getrocknet als Stockfisch und gesalzen als Klippfisch verkauft. Sein Rogen wird roh, abgekocht oder geräuchert angeboten. Der geräucherte Rogen wird als Ersatz für geräucherten Meeräschenrogen zu einer Art griechischer Taramasalata verwendet.

Karpfen

CYPRINUS CARPIO; frz. carpe

Zu den verschiedenen Arten dieses Süßwasserrundfisches gehören der Schuppenkarpfen (ganz mit großen Schuppen bedeckt), der Spiegelkarpfen (wenige große Schuppen) und der Nackt- oder Lederkarpfen. Besonders Spiegel- und Nacktkarpfen lassen sich leicht züchten. Der Karpfenrücken ist dunkelgrün bis grünbraun, die Bauchseite ist gelblich. Am Maul befindet sich ein Paar Bartfäden. Angeboten werden Karpfen von 20—30 Zentimeter Größe und 1—3 Kilogramm Gewicht. Plötzen, Haseln, Rotfedern, Schleie und Brachsen gehören zur selben Familie. Karpfen wurden vermutlich im Mittelalter aus China nach Europa gebracht und hier vor allem in Klöstern als Fastenspeise gezüchtet. Sie sind langlebige Fische und können 50 Jahre und älter und in Parkteichen auch zahm werden. Wild lebend sind sie in stehenden und langsam fließenden Gewässern in vielen Teilen der Welt heimisch.

Das fette, weiße Fleisch ist schmackhaft. Zuchtkarpfen — davon sind die Spiegelkarpfen die besten — haben weniger Gräten. Lebende Teichkarpfen müssen vor dem Schlachten ein bis zwei Tage in frischem, fließendem Wasser gehalten werden, damit der Schlammgeruch verschwindet. Küchenfertig gekaufte Teichkarpfen kann man einige Zeit in leicht gesalzenes oder mit etwas Essig versetztes Wasser legen. Karpfen werden »blau« gekocht, gefüllt, gebraten, pochiert, gedünstet, geschmort oder in Saucen zubereitet. In vielen Nationalküchen — vor allem in Ungarn, Deutschland, Polen und China — findet man Karpfenspezialitäten besonders als Weihnachts- oder Silverstergericht. Karpfenmilch gilt als besondere Delikatesse.

Krake

OCTOPUS VULGARIS; frz. poulpe, pieuvre

Unterarten dieses achtfüßigen Kopffüßers finden sich weltweit in allen gemäßigten Meeren. Der gemeine Krake ist der bekannteste und hat auch das beste Fleisch. Rotbraun mit einem beutelförmigen Körper und acht Fangarmen, kann er bis zu 3 Meter lang werden. Speisekraken sollten allerdings nicht mehr als 35 Zentimeter groß sein. Sie haben keinen Kalkschulp wie der gemeine Tintenfisch und der Kalmar, auch kriechen sie lieber, als daß sie schwimmen. Sie leben in Felsspalten und ernähren sich von kleinen Krebstieren. Gewöhnlich sind sie scheu, größere Expemplare können jedoch angriffslustig sein.

Nur die kleinen Kraken haben zartes Fleisch, größere müssen weichgeklopft werden, brauchen aber trotzdem eine entschieden längere Kochzeit. Kleine werden gegrillt oder gebraten, größere werden gekocht, fritiert oder geschmort.

Lachs

SALMO SALAR; frz. saumon

Der Lachs hat einen langgestreckten Körper und einen kleinen, spitzen Kopf. Je nach Alter und Standort ist er graubraun bis hellbraun. Ausgewachsene Expemplare sind silbrig mit schwarzen Tupfen. Er hat eine dunkle Fettflosse, die für alle lachsartigen Fische typisch ist. Lachse laichen und leben während ihrer ersten zwei Jahre in Süßwasser; anschließend wandern die Junglachse flußabwärts ins Meer. Die Freßgründe der europäischen und nordamerikanischen Lachse liegen bei Grönland und den Faröerinseln. Sie ernähren sich von Krebstieren, deswegen hat ihr Fleisch seine charakteristische rötliche Farbe. Wenn sie zum Laichen wieder ins Süßwasser zurückkommen, überwinden sie Stromschnellen und Wehre. Meist sterben sie nach dem Ablaichen. Sie sind in den sauberen und sauerstoffreichen Flüssen heimisch, die in die Ost- und Nordsee, den Atlantik und den Pazifik münden. Wasserverschmutzung und Überfischen haben ihre Bestände drastisch vermindert, so daß man jetzt zumeist auf Zuchtlachs zurückgreifen muß.

Das Fleisch des Atlantiklachses ist rosa, wohlschmeckend und sehr nahrhaft, das des Pazifiklachses dunkler und von geringerer Qualität. Kenner bevorzugen Lachs, der noch nicht abgelaicht hat. Farmlachs kann weniger aromatisch als Wildlachs sein, auch ist sein Fleisch weicher.

Lachs wird pochiert und warm oder kalt mit feinen Saucen gereicht. Man kann ihn für Mousse, Terrinen und Pasteten verwenden oder im Teigmantel backen. Räucherlachs ist eine der beliebtesten Delikatessen, genauso wie der mit Dill marinierte skandinavische Gravlachs. Pazifiklachs wird zu Konserven verarbeitet, der Rogen des Keta-Lachses zu dem roten Keta-Kaviar.

Lachs - oder Meerforelle

SALMO TRUTTA TRUTTA; frz. truite saumonée

Ein Wanderfisch, der im Süßwasser laicht, aber die Hälfte seines Lebens im Meer verbringt. Silberweiß mit schwarzgesprenkeltem Rücken, ist die Lachsforelle für den Laien nicht leicht vom Lachs zu unterscheiden. Wegen des rosafarbenen Fleisches heißt sie Lachsforelle, und wie der Lachs ernährt sie sich im Meer von kleinen Krebstieren. Sie wird in Norwegen, Dänemark und in den Vereinigten Staaten in Fischzuchten gehalten, wo man durch besondere Zusammensetzung des Futters die Fleischfarbe intensivieren kann. Wild kommt sie in schnellfließenden, sauberen Gewässern in ganz Europa vor, zudem in der Ostsee (wo man Exemplare von über 13 Kilogramm gefangen hat) und im Nordatlantik von Nordafrika bis Irland.

Das Fleisch ist ausgezeichnet, fetthaltig und etwas zarter und heller als das des Lachses. Die Zubereitung ist die von Lachs und Forelle.

Languste

siehe Hummer

Makrele

SCOMBER SCOMBRUS; frz. maquereau

Ein Meeresrundfisch und entfernter Verwandter des Thunfisches und des Bonito mit einem langgezogenen, fast schuppenlosen Körper, der dunkelgrün bis stahlblau gefärbt ist und unregelmäßige dunkle Querstreifen hat. Die marktgängige Größe und das marktgängige Gewicht liegen bei 30–40 Zentimeter und 250–450 Gramm. Die Makrele kommt in großen Schwärmen vor und ist ein gefräßiger Raubfisch, der sich von kleineren Fischen ernährt. Man nimmt an, daß sie im Winter fastet. Sie ist im Atlantik und Pazifik, im Mittelmeer und im Schwarzen Meer heimisch.

Das schmackhafte Fleisch ist sehr nahrhaft, verdirbt jedoch wegen des hohen Fettgehaltes schnell. Die Gräten sind gut zu entfernen. Die Makrele eignet sich zum Pochieren, Dünsten, Braten, Grillen und Füllen. Ich serviere sie gern mit säuerlichen Saucen aus Stachelbeeren oder Sauerampfer, damit ihr Fett besser verdaut wird. Makrelen werden heiß geräuchert und in England in Essig, in Frankreich in Weißwein eingelegt. Im östlichen Mittelmeerraum werden sie getrocknet und eingesalzen.

Meeräsche

MUGIL CEPHALUS; frz. muge

Ein eleganter Meeresfisch mit großschuppigem grauem Rücken, dunklen Flankenstreifen und heller Bauchseite von einer durchschnittlichen Länge von 30–50 Zentimeter und bis 4 Kilogramm Gewicht. Zur Familie der Meeräschen gehören weltweit etwa hundert Unterarten. Sie leben in flachen Küstengewässern und steigen mit der Flut in Flußmündungen hinauf. Sie ernähren sich von Algen und haben den für Pflanzenfresser typischen langen Darm. Sie kommen an den ostatlantischen Küsten bis Südengland und den Vereinigten Staaten vor, im Mittelmeer und im Schwarzen Meer sowie in Unterarten in den tropischen Gewässern des Pazifiks.

Ihr Fleisch ist fest, weiß, fetthaltig und schmackhaft, kann jedoch manchmal dumpfig schmecken und sollte daher vor dem Zubereiten sorgfältig gesäubert und eventuell in mit Essig gesäuertes Wasser gelegt werden. Man kann Meeräschen im ganzen im Ofen oder *en papillote* garen, braten, grillen oder pochieren und mit einer kräftigen Sauce servieren. Aus ihrem Rogen wird die echte Taramasalata hergestellt. In Frankreich wird der Rogen als Boutargue gesalzen, gepreßt und getrocknet.

Meerbrassen

Streifenbrassen

SPONDYLIOSOMA CANTHARUS; frz. dorade grise

Rotbrassen

PAGELLUS ERYTHRINUS; frz. dorade commune

Goldbrassen

SPARUS AURATUS; frz. dorade royale

Sackbrassen

PAGRUS PAGRUS; frz. pagre commun

Die vielen Unterarten der Meerbrassen gehören in die Familie der Sparidae, und fast alle sind an ihrem gedrungenen Körper, dem gewölbten Profil und der langgezogenen Rückenflosse zu erkennen. Es gibt rote, grauschwarze, blaue und goldfarbene Unterarten, die bis zu 1,6 Kilogramm schwer und 50–60 Zentimeter lang werden. Die hier aufgeführten Brassen sind die bekanntesten und die in Europa am meisten geschätzten Arten. Der Rotbrassen ist grau bis rosagrau mit einem großen dunklen Fleck auf dem Rücken. Der Streifenbrassen ist dunkelgrau mit goldfarbenen Längsstreifen auf den Flanken. Er hat viele kleine Zähne. Der Goldbrassen hat einen goldfarbenen Fleck über den Kiemen und ein halbmondförmiges Mal zwischen den Augen. Der Sackbrassen hat weiße Schwanzspitzen. In Europa gibt es einen dem Karpfen verwandten Süßwasserbrassen. Die meisten Brassen haben keine spitzen, sondern Mahlzähne, da sie sich von kleinen Krustentieren ernähren. Den Goldbrassen findet man auch in Salzwasserseen. Im Altertum war er der Aphrodite geweiht. Brassen werden hauptsächlich im Mittelmeer und im südeuropäischen Atlantik gefangen. Die Rot- und Streifenbrassen sind die beiden einzigen Arten, die in nordeuropäischen Gewässern zu finden sind. Andere Brassenarten kommen weltweit vor.

Rot- und Goldbrassen mit ihrem mageren, festen Fleisch gelten als die besten. Eine japanische Art ist jedoch so gut, daß sie roh in Sashimi gegessen wird. Brassen eignen sich zum Dünsten und Schmoren im Ofen, zum Grillen und zum Pochieren. Filetiert werden sie mit feinen Saucen serviert.

Miesmuschel

MYTILUS EDULIS; frz. moule

Ein im Meer lebendes zweischaliges Weichtier. Die Schalen sind gewöhnlich blauschwarz, jedoch auch gelblich in Spanien und grün in Neuseeland. Miesmuscheln heften sich an Pfähle, Felsen und Molen sowie an Seile in den Muschelfarmen. Wie die Clams oder Venusmuscheln können sie giftig sein, wenn sie aus verschmutzten Gewässern stammen, oder Allergien hervorrufen. Sie sind weltweit verbreitet, ihre größten Vorkommen sind an den europäischen Küsten, wo sie auch gezüchtet werden.

Ihr Fleisch ist zart und schmackhaft, reich an Kalzium, Jod und Eisen, arm an Kalorien. Sie sind die Austern des kleinen Mannes. Die besten sind die kleinen bouchots aus Frankreich, aber auch die aus holländischen oder dänischen Muschelfarmen sind gut. Man kann sie zwar roh essen, doch gewöhnlich werden sie kurz gedämpft und als moule marinières, das wohl bekannteste Muschelgericht, serviert. Man kann sie außerdem in Knoblauchbutter braten, in Räucherspeck gewikkelt, am Spieß grillen, einmarinieren und kalt servieren.

Petersfisch (Heringskönig)
ZEUS FABER; frz. Saint-Pierre

Ein ovaler, hochrückiger, seitlich abgeflachter Meeresfisch mit großem Kopf und großen Augen. Die dicke Haut ist gelb bis graubraun und mit vielen kleinen Schuppen besetzt. Auf den Flanken befindet sich je ein großer schwärzlicher, grau umrandeter Fleck. Die obere Rückenflosse besteht aus neun Stacheln. Diese werden durch eine feine Haut zusammengehalten, die in Fäden ausläuft. Der Petersfisch ist fast so flach wie ein Plattfisch, schwimmt jedoch aufrecht, aber schlecht. Dafür kann er seinen Unterkiefer vorschnellen, um Beute zu fangen. Die weiblichen Fische sind größer als die männlichen und werden bis zu 70 Zentimeter lang. Das durchschnittliche Fanggewicht beträgt 1–1,5 Kilogramm. Der Petersfisch kommt im Mittelmeer und Atlantik vor.

Er hat mageres, ziemlich festes weißes Fleisch von ausgezeichnetem Geschmack, das dem des Heilbutts ähnelt. Wegen des enorm großen Kopfes (der jedoch für Suppen verwendet werden kann) ist der Fleischanteil verhältnismäßig gering. Man kann den Petersfisch wie Glattbutt, Heilbutt oder Seezunge mit feinen Sahne- oder Eisaucen zubereiten, ihn im Ofen garen oder grillen und zu Fischsuppen, besonders zu Bouillabaisse, verwenden.

Rotbarbe und Streifenbarbe
MULLUS BARBATUS; frz. rouget de roche

MULLUS SURMULETUS; frz. surmulet

Beide gehören zur Familie der Meerbarben und werden oft verwechselt. Die Rotbarbe ist rötlich, hat zwei Bartfäden am Kinn und erreicht eine maximale Länge von 25 Zentimeter. Die Streifenbarbe wird 40 Zentimeter lang; ihre erste Rückenflosse ist hell gestreift, sie kann außerdem noch gelbliche Längsstreifen auf den Flanken haben. Beide Fische – nach Brillat-Savarin die Schnepfen des Meeres genannt – haben keine Galle und werden deswegen in Frankreich auch unausgenommen gegart. Rotbarben sind nur im Mittelmeer heimisch, Streifenbarben im Mittelmeer und im Atlantik. Sie kommen im Sommer bis Südnorwegen. Verwandte Arten findet man in der Karibik und im Indopazifik.

Das Fleisch ist sehr delikat, weiß, fest und fettarm mit einem typischen Geschmack, aber kleinen, spitzen Gräten. Die Leber gilt als große Delikatesse und eignet sich bestens zum Binden und Aromatisieren von Fischsaucen. Die Barben werden gegrillt, in Folie gegart oder gebraten, auch mariniert und kalt serviert. Beim Pochieren tritt ein wesentlicher Geschmacksverlust ein.

Roter Drachenkopf
SCORPAENA SCROFA; frz. rascasse rouge

Ein Meeresrundfisch, der zu den Skorpionfischen gehört. Er ist rot oder rotorange mit einem großen Kopf und spitzen Giftstacheln an den Rückenflossen. Seine durchschnittliche Länge beträgt 25 Zentimeter, doch werden auch Exemplare von 55 Zentimeter gefangen. Er kommt in gemäßigt-warmen und subtropischen Gewässern vor, im Mittelmeer, im Westatlantik, an der kalifornischen Küste und bei Neuseeland.

Er hat mageres, festes weißes Fleisch. Seine Leber und seine »Bäckchen« gelten als Delikatesse. Er ist der geschmackgebende Fisch für die berühmte Bouillabaisse. Größere Fische eignen sich zum Füllen. Sie werden gebraten oder pochiert, warm, aber auch kalt serviert.

Sardelle

ENGRAULIS ENCRASICOLUS; frz. anchois

Ein kleiner, schlanker Meeresfisch aus der Familie der Heringe von 9−15 Zentimeter Länge und 10−30 Gramm Gewicht mit grünblauschwarzem Rücken und silberglänzenden Flanken, mit hervortretendem Oberkiefer und weitem Maul. Er tritt in Schwärmen auf und wird nachts von Scheinwerferlicht angelockt und gefischt. Nach dem Fang verändert sich die Farbe von Grün zu Blau, danach zu Schwarz. Die Sardelle kommt weltweit in Küstengewässern vor. Die besten Sardellen werden im Mittelmeer gefangen. Leider gehen die Fänge dort wegen der Wasserverschmutzung zurück.

Frische Sardellen haben fettes, weißes, aromatisches Fleisch und sind nur in den Fanggebieten erhältlich. Überall sonst kommen sie eingesalzen, eingelegt oder mariniert in den Handel. Frisch werden sie sautiert oder in einfachen Marinaden serviert. Eingesalzen werden sie für Sardellenbutter, für Mayonnaisen, verschiedene Saucen und Suppen verwendet sowie als Grundlage von fertigen Würzsaucen benutzt. Sie sind wesentlicher Bestandteil von Anchoïade, Salade Niçoise, Pissaladière und mancher italienischen Pizza.

Sardine

SARDINA PILCHARDUS; frz. sardine

Ein kleiner, heringsartiger Meeresrundfisch, bläulichgrün mit heller Unterseite, je zwei kleinen Flecken auf beiden Seiten des Kopfes und großen Schuppen. Die Sardine wird etwa 20 Zentimeter lang, die kleineren Exemplare bis etwa 15 Zentimeter schmecken jedoch am besten. Sie ist die Jungform des Pilchards. Sardinen leben in großen Schwärmen und werden nachts mit Scheinwerfern angelockt und gefischt. Sie kommen an den Küsten des Atlantiks von den Kanaren bis Südirland vor, in der Nordsee bis nach Norwegen (allerdings nur in heißen Sommern), im Mittelmeer und im Schwarzen Meer.

Das Fleisch ist fett und aromatisch, reich an Eisen und Kalzium. Am besten schmecken Sardinen frisch gefangen. Sie werden gegrillt oder gebraten und waren die ersten Fische, die − bereits 1834 − in Konserven haltbar gemacht wurden.

Kenner behaupten, daß gegrillte und dann mindestens ein Jahr lang in Olivenöl gereifte Sardinen die besten sind.

Scampi oder Kaisergranat

NEPHROPS NORVEGICUS; frz. langoustine

Ein kleiner Tiefseekrebs, meist 10−15 Zentimeter lang, obwohl er eine Länge von 25 Zentimeter erreichen kann. Er ist lachsrosa und verfärbt sich beim Kochen nicht. Er hat acht Beine und zwei lange, schmale Scheren und kommt im Ostatlantik, im Mittelmeer und in der Adria vor.

Nur das zarte, aromatische Schwanzfleisch wird gegessen. Es ist natürlich frisch am besten, wird aber auch gefroren angeboten. Es kann pochiert und gegrillt, heiß mit verschiedenen Saucen oder kalt in Salaten serviert werden.

Schellfisch

MELANOGRAMMUS AEGLEFINUS; frz. aiglefin

Ein Meeresrundfisch aus der Dorschfamilie mit grauem oder purpurschwarzem Rücken, einem schwarzen Flankenstreifen − seinem Unterscheidungsmerkmal vom Kabeljau, der einen hellen Streifen trägt −, einem dunklen Fleck oberhalb der Brustflosse sowie Bartfäden. Er wird im Nordatlantik und der Nordsee gefangen und kommt in einer Länge von 40−60 Zentimeter und einem Gewicht von 800 Gramm bis 2 Kilogramm auf den Markt.

Sein Fleisch ist weiß, fest und wohlschmeckend und wird oft dem des Kabeljaus vorgezogen. Leber und Rogen gelten als Delikatesse. Er wird gebraten, gedämpft, gedünstet, fritiert, aber auch geräuchert; das Schwanzstück wird gern im ganzen pochiert.

Scholle

PLEURONECTES PLATESSA; frz. plie-franche, carrelet

Ein rechtsäugiger Plattfisch mit breit-ovalem Körper und mehreren Verknöcherungen am Kopf, grau oder rotbraun mit orangefarbenen oder roten Punkten und weißer Bauchseite. Marktgängige Länge und Gewicht sind 30−40 Zentimeter oder darunter und 150−350 Gramm. Schollen gehören zu den beliebtesten Speisefischen. Sie ernähren sich von Würmern, Krebs- und Weichtieren. Sie kommen in der Nord- und Ostsee, im Nordatlantik und gelegentlich im Mittelmeer vor.

Ihr Fleisch ist schmackhaft, weiß und leicht verdaulich. Man kann sie im ganzen braten oder grillen, als Filets en papillote pochieren und mit feinen Saucen servieren.

Schwertfisch

XIPHIAS GLADIUS; frz. espadon

Einer der größten Meeresrundfische mit dunklem Rücken, silberweißem Bauch und einem Schwertfortsatz am Oberkiefer, der bis zu einem Drittel seiner Maximallänge von 5 Meter ausmachen kann. Sein Gewicht kann bis zu 500 Kilogramm betragen. Gewöhnlich wird er mit einem Gewicht von 70−100 Kilogramm gefischt. Wahrscheinlich ist er der schnellste Fisch überhaupt, da er eine Stundengeschwindigkeit von 100 Kilometer erreichen kann. Er ist ein Tiefseefisch, der einzeln auftritt und meist harpuniert wird. Er ernährt sich von Schwarmfischen, die er mit seinem Schwert aufspießt. Er kommt weltweit in warmen und gemäßigt warmen Meeren vor.

Sein Fleisch ist fest, feinfaserig und wohlschmeckend. Bis auf die Rückengräte ist er grätenfrei. Er wird in Steaks geschnitten, gegrillt, gebraten oder gewürfelt und auf Spießchen gegrillt. In Portugal und in der Türkei wird er auch geräuchert.

Seehecht

MERLUCCIUS MERLUCCIUS; frz. merlu

Ein Meeresrundfisch aus der Dorschfamilie mit langgestrecktem Körper, spitzem Kopf und weitem, mit scharfen Zähnen besetztem Maul. Er ist ein gefräßiger Raubfisch, der sich von Sardinen und der eigenen Brut ernährt. Er wird maximal 1 Meter lang, kommt meist aber in der Länge von 40 Zentimeter in den Handel. Er ist im Atlantik von Island bis Nordafrika sowie im Mittelmeer heimisch. Verwandte Arten finden sich im Pazifik, vor Chile und Kanada sowie vor Südafrika.

Das Fleisch ist weiß, jedoch leicht verderblich; es ist fester und weniger schmackhaft als das vom Dorsch. Es ist sehr mager, besonders leicht verdaulich und gut zu entgräten, deswegen besonders für Kranken- und Kinderkost geeignet. Man kann es pochieren, dämpfen, braten, grillen und füllen. Es läßt sich roh in Ceviche und getrocknet in Merluche verwenden.

Seeteufel

LOPHIUS PISCATORIUS; frz. lotte, baudroie

Ein Knorpelfisch mit einem riesigen, furchterregenden Kopf. Sein Rücken ist dunkelbraun, seine Bauchseite hell. Er ist ein Raubfisch, liegt verborgen auf dem Meeresboden und »fischt« mit seinem langen, gesondert stehenden Rückenflossenstrahl, an dem sich ein Hautlappen befindet. Selbst kleine Rochen und Junghaie lockt er so in sein mit spitzen Fangzähnen besetztes Maul. Er ist im Mittelmeer, im Schwarzen Meer sowie im Atlantischen Ozean bis hinauf nach Island und in der Ostsee bis nach Finnland zu finden.

Sein Fleisch ist exzellent, weiß und fest; es ähnelt dem des Hummers. Es hat keine Gräten, und der starke Rückenknorpel läßt sich leicht entfernen. Es kommen nur abgezogene Schwanzstücke in den Handel. Man sollte pro Person eine größere Portion Rohfisch kaufen als sonst üblich, da der Flüssigkeits- und damit Gewichtsverlust beim Garen groß ist. Im ganzen wird das Schwanzstück pochiert, gedämpft, im Ofen geschmort oder gebraten. In Medaillons geschnitten, wird es gebraten oder gegrillt oder auf Spießchen vom Rost serviert. Man kann das Fleisch zu Ragouts oder Fischsuppen (Bouillabaisse) verwenden, aber auch wie Hummer kalt servieren.

Seezunge

SOLEA SOLEA; frz. sole

Ein Meeresplattfisch mit lang-ovalem Körper, der fast ganz von einem Flossenkranz umrahmt ist. Die Oberseite ist graubraun, die Unterseite weiß. Sie wird bis zu 50 Zentimeter lang. Seezungen aus dem Atlantik und aus dem Ärmelkanal, die Ostender und Dover Seezungen, werden den dunkleren Seezungen aus der Nordsee vorgezogen.

Das Fleisch ist mager, leicht verdaulich und gilt als das feinste aller Seefische. Es wird pochiert, gebraten oder gegrillt. Die dünnen Filets lassen sich − mit der Außenseite nach innen − gut aufrollen und als Seezungenröllchen mit oder ohne Füllung in feinen Saucen zubereiten.

Steinbutt

PSETTA MAXIMA; frz. turbot

Ein linksäugiger, rautenförmiger Plattfisch von sandbrauner bis gelblichgrauer Färbung mit

dunklen und hellen Flecken sowie Knochenhök-
kern — den Steinen, denen er seinen Namen ver-
dankt. Die gängige Marktgröße beträgt 40—50
Zentimeter; er kann jedoch bis 1 Meter lang und
20 Kilogramm schwer werden. Jungfische (turbo-
tins) wiegen 1—2 Kilogramm. Bereits die Römer
schätzten ihn und nannten ihn den Fasan des
Meeres. Er ist einer der edelsten Speisefische und
kommt nur in europäischen Gewässern vor: in
der Nord- und Ostsee, im Atlantik bis Island und
im Mittelmeer.

Der Steinbutt hat ein ausgezeichnetes, festes
weißes Fleisch, das Kenner fast so hoch wie Seezungen schätzen. Die Gräten sind gelatinös und
ergeben besonders gute Fischfonds für Suppen
und Saucen. Im ganzen wird Steinbutt gedünstet
oder pochiert; Filets werden gegrillt oder gebraten.

Taschenkrebs und Seespinne

CANCER PAGURUS; frz. crabe tourteau
MAJA SQUINADO; frz. araignée de mer

Es gibt über 4000 Krebsarten auf der Welt, von denen die meisten eßbar sind. Die beiden in Europa
verbreitetsten Arten sind der Taschenkrebs und
die Seespinne. Der Taschenkrebs hat einen rot-
braunen, glatten, ovalen Panzer mit zwei mächti-
gen Scheren und kann über 20 Zentimeter breit
werden. Nach dem Kochen wird er tiefrot. Die
Seespinne ist braunrosa mit gewölbtem, stacheli-
gem Panzer und viel kleineren Scheren. Sie wird
höchstens 20 Zentimeter breit. Taschenkrebse
sind sehr angriffslustig, wenn man sie aufstört. Sie
fressen sich sogar gegenseitig auf. Wie die Hummer werfen sie von Zeit zu Zeit ihren Panzer ab.
In den Gewässern um Venedig und in der Chesa-
peake Bay der Vereinigten Staaten werden sie als
»soft-shell crabs« gefangen, wenn ihr neuer Panzer noch weich ist und mitgegessen werden
kann.

Taschenkrebse haben ein köstliches Fleich. Sie
werden oft abgekocht angeboten, sollten aber
besser lebend gekauft und zu Hause zubereitet
werden. Man sollte nur solche kaufen, die im Verhältnis zur Größe schwer sind und bei denen die
Beine nicht lose sind. Die männlichen Krebse haben größere Scheren und mehr weißes Fleisch.
Die weiblichen tragen im Sommer das Corail, das
als Delikatesse gilt. Die Krebse werden abge-

kocht und mit kalten Saucen überzogen, zu Pâtés,
Suppen und Salaten verwendet und in England
gern als »potted crab« (Rezept Seite 69) serviert.

Thunfisch

THUNNUS THYNNUS; frz. thon

Die Thunfische sind die größten Mitglieder der
Makrelenfamilie. Von mehreren Unterarten sind
der rote Thunfisch (Thunnus thynnus) und der
weiße Thunfisch (Thunnus alalonga) die bekanntesten. Beide haben spindelförmige Körper, dun-
kelblaue Rücken, silbergraue Flanken und Bäuche.
Der rote Thunfisch kann 4 Meter lang werden,
normalerweise 1—2 Meter. Der weiße ist kleiner
und wird höchstens 1 Meter lang. Es sind Raubfi-
sche, die als Jungfische in Schwärmen, mit zunehmendem Alter jedoch einzeln auftreten. Sie sind
in allen wärmeren Meeren heimisch: der weiße
Thunfisch hauptsächlich im Atlantik bis nach Island, im Mittelmeer und im Schwarzen Meer, der
rote auch im Pazifik.

Das Fleisch des roten Thunfisches ist dunkel,
fett, fest und vitaminreich. Es wird hochgeschätzt
und in Japan auch roh gegessen. Das Fleisch des
weißen Thunfisches ist heller und weniger
schwer und wird während des Garens rosafarben. Es wird gegrillt, geschmort und en papillote
gegart. Das Mittelstück (ventresca — Bauch) gilt
in Italien und Spanien als besonders gut.

Tintenfisch, Kalmar

LOLIGO VULGARIS, LOLIGO FORBESI; frz. calmar, encornet

Ein schlanker, torpedoförmiger Kopffüßer mit
großen Augen, dessen Körper in zwei große,
dreieckige Flossen ausläuft und an dessen Kopf
sich zehn Tentakel oder Fangarme befinden. Er
ist elfenbeinfarbig, oft mit einer violett gefleckten
Außenhaut. Er erreicht eine Länge von 60 Zentimeter, doch je kleiner, desto besser ist er. Tintenfische sind sehr gute Schwimmer, die sich durch
einen Rückstoßeffekt mit ihrem Atemwasser fort-
bewegen. Sie ernähren sich hauptsächlich von
kleineren Fischen. Im Mittelmeer werden sie
nachts bei Scheinwerferlicht gefischt. Es gibt sie
weltweit in vielen Unterarten. In Europa sind
hauptsächlich der Tintenfisch aus dem nordöstli-
chen Atlantik (Loligo forbesi) und der aus dem
südlichen Atlantik und dem Mittelmeer (Loligo

vulgaris) von wirtschaftlicher Bedeutung. Als Nahrung werden Tintenfische besonders im Mittelmeerraum und im Fernen Osten geschätzt.

Die Fangarme haben das zarteste Fleisch. Kleine Tintenfische bis zu 15 Zentimeter Länge können in Ringe geschnitten und sautiert oder fritiert werden. Größere können gefüllt werden; sie benötigen eine längere Kochzeit. Sie können warm, aber auch kalt in Fischsalaten gegessen werden. Ihre Tinte, die Sepiaflüssigkeit, kann man zum Färben (etwa von Nudeln) und Aromatisieren von Fischsaucen verwenden. »Calamar in su tinta« ist eine spanische Spezialität.

Venusmuscheln

Zur Familie der Venusmuscheln gehören über 500 Arten. Es sind zweischalige Meeresweichtiere. Bei uns werden seit einiger Zeit folgende Arten, meist unter ihrem französischen Namen, angeboten: die Kreuzmuster-Teppichmuschel (Venerupis decussata, frz. palourde croisé), die strahlige Venusmuschel (Chamelaea gallina, frz. clovisse) und die rauhe Venusmuschel (Venus verrucosa, frz. praire).

Die Palourde mit bis zu 8 Zentimeter Länge ist die größte europäische Muschel von kulinarischer Bedeutung. Sie ist graugelb mit braunem Kreuzmuster. Die kleine Clovisse wird nur etwa 4 Zentimeter lang. Sie ist die Vongola für die Spaghetti con vongole. Die Schale der rauhen Venusmuscheln hat tief eingekerbte konzentrische Streifen, die in warzenartigen Höckern enden. Die Venusmuscheln leben eingegraben im sandigen Boden in flachen Küstengewässern und filtern Nahrungspartikel durch ihre Schalen. Wenn das Wasser verschmutzt ist, können sie giftig sein. Man findet sie weltweit, im Pazifik, im Atlantik, im Mittelmeer und besonders häufig im nordamerikanischen Küstengebiet.

Venusmuscheln haben ein zartes Fleisch von gutem Geschmack. Palourdes und Praires können ebenso wie die kleinsten amerikanischen Clams (mercenaria mercenaria) roh wie Austern gegessen werden. Man kann sie dünsten, dämpfen und gratinieren und in Suppen (wie dem berühmten Clam Chowder) sowie in Saucen (Spaghetti con vongole) verwenden.

Wittling

MERLANGUS MERLANGUS; frz. merlan

Ein kleiner, langgestreckter Meeresrundfisch, der zu den dorschartigen Fischen zählt. Sein Rücken ist dunkelblau oder grün, Bauch und Flanken sind silbrighell. Er hat eine dunkle Seitenlinie und keine oder nur verkümmerte Bartfäden. Durchschnittlich wird er 30 Zentimeter lang und 150–200 Gramm schwer. Er ist ein gefräßiger Raubfisch, der sich von kleinen Fischen und Krebstieren ernährt. Er kommt im Küstengebiet des Atlantiks bis Island, in der Nord- und Ostsee, im Mittelmeer und im Schwarzen Meer vor.

Sein Fleisch ist sehr weiß, zart und wohlschmeckend, aber leicht verderblich. Es muß sorgfältig zubereitet werden, da es leicht trocken wird. Es ist leicht verdaulich und daher als Krankenkost geeignet. Wittlinge können fritiert, gefüllt, pochiert und mit verschiedenen Saucen serviert werden. Sie werden geräuchert und in Schottland auch getrocknet.

Wolfsbarsch

DICENTRARCHUS LABRAX; frz. loup de mer, bar

Ein schlanker, eleganter Meeresrundfisch, der zur Familie der Sägebarsche gehört, mit starken Kammschuppen und zwei Rückenflossen, von denen die vordere sehr spitze Stacheln hat. Sein Rücken ist silbergrau, sein Bauch weiß. Die durchschnittliche Länge beträgt 35–40 Zentimeter, er kann jedoch 1 Meter lang werden. Das übliche Marktgewicht ist 1 Pfund bis 2 Kilogramm. Er kommt im Mittelmeer und an der europäischen Atlantikküste bis nach Skandinavien vor. Unterarten gibt es an der amerikanischen Ostküste und im Südatlantik.

Der Wolfsbarsch gilt als einer der besten Speisefische und ist dementsprechend teuer. Sein festes, weißes Fleisch ist mager, sehr wohlschmeckend mit nur wenigen Gräten. Es zerfällt nicht beim Garen. Es wird bei möglichst gelinder Hitze pochiert oder gegrillt, im Ofen gedünstet oder gebraten und mit feinen Saucen serviert.

Verzeichnis der Fachausdrücke

Abschäumen – Von Brühen und Fonds wird das geronnene Eiweiß mit einer Schaumkelle vorsichtig abgeschöpft, um ein Trübwerden der Flüssigkeit zu verhindern.

Al dente – Der Garpunkt von Gemüse und Teigwaren, bei dem diese noch Biß haben.

Anschwitzen – In Fett vorsichtig anbraten, ohne daß das Bratgut Farbe annimmt.

Blanchieren – Das Blanchiergut wird entweder in kaltem Wasser aufgesetzt, schnell und kurz aufgekocht oder kurz in kochendes Wasser gegeben, damit sich die Poren schließen und die Farbe fixiert wird. Anschließend wird das Blanchiergut immer in eiskaltem Wasser abgeschreckt.

Bouquet garni – Würzsträußchen aus Gemüse und Kräutern zum Aromatisieren von Fonds, Saucen etc., das aus einigen Petersilienstielen, einem Lorbeerblatt, einem Thymianzweig, einigen Pfefferkörnern, etwas Zwiebel, Sellerie und Karotten besteht. Ein weißes Bouquet garni besteht nur aus Zwiebeln, dem Weißen von Lauch, Sellerie und Kräutern. Es wird zum Würzen von hellen Brühen verwendet.

Consommé – Eine geklärte kräftige Fisch- oder Fleischbrühe.

Corail – Der halbmondförmige, orangefarbene Rogen der Jakobsmuschel, aber auch das grünliche Mark vom Hummer, das sich beim Kochen rot färbt.

Coulis – Ein dünnflüssiges Gemüse- oder Früchtepüree, das ohne Bindemittel zubereitet wird.

Court-bouillon – Ein gewürzter Sud zum Ansetzen von Fischen sowie von Krusten- und Schalentieren.

En papillote – Ursprünglich ein Garen in der Papierhülle, heute vorwiegend in Aluminiumfolie. Dabei dünstet das Gargut im eigenen Saft, wobei Aroma und Nährstoffgehalt weitgehend erhalten bleiben.

Entfetten – Brühen, Fonds oder Saucen werden entfettet entweder durch vorsichtiges Abschöpfen mit einer Kelle oder durch wiederholtes leichtes Auflegen von Küchenpapier, das sich dabei mit Fett vollsaugt, oder aber durch Darüberstreichen mit einem sogenannten Fettpinsel, dessen Borsten das Fett anziehen. Der Fettpinsel ist ein neues Küchenutensil, das seit kurzem in guten Fachgeschäften erhältlich ist.

Filet – Das von der Mittelgräte abgelöste und von allen kleinen Gräten befreite Fischfleisch.

Filoteig – Ein leichter, blättriger Teig ohne Butter oder Öl, der sich für die Rezepte der modernen Küche besonders eignet. Er ist der Strudelteig des Balkans und Vorderen Orients, wo man ihn für süße Kuchen, aber auch für Fleisch- und Käsepasteten verwendet. In griechischen und türkischen Spezialitätengeschäften ist er bereits fertig zu kaufen.

Garnitur – Eine eßbare Verzierung, um Speisen appetitlicher und dem Auge gefälliger zu machen, so daß ein Kontrast in Farbe, Geschmack und Konsistenz entsteht. Zu Fischspeisen wird zum Beispiel gerne Rogen vom Stör (Kaviar), vom Lachs (Keta-Kaviar) oder vom Hummer (Corail) als Verzierung sowie als farblicher und geschmacklicher Gegensatz genommen.

Gelatine – In einigen Rezepten dieses Buches wird Blattgelatine verwendet. Ein Blatt wiegt 2 Gramm. Sollte man Gelatinepulver verwenden, so nimmt man die entsprechende Gewichtsmenge Pulver.

Glace — Ein bis zu sirupartiger Konsistenz eingekochter Fond. Je nach den Grundzutaten des Fonds kann man Fleisch-, Wild- oder Fischglacen zubereiten.

Julienne — Streichholzdünne Streifen von Gemüse, Zitronen- oder Apfelsinenschalen, die nicht länger sind, als ein Suppenlöffel breit ist.

Karkasse — Das Gerippe von Geflügel oder Fisch, das bei der Bereitung von Fonds Verwendung findet.

Koriandergrün — Ein in Deutschland fast unbekanntes Küchenkraut, das auch chinesische Petersilie genannt wird. Es ist das am häufigsten gebrauchte Küchenkraut der Welt. Sein klares, kräftiges Aroma, das völlig verschieden von dem der Korianderkörner ist, bestimmt den Geschmack vieler Gerichte Griechenlands, des Vorderen Orients, Indiens und des Fernen Ostens. Auch in der Küche Mittelamerikas wird es als Cilantro verwendet. Es ist neuerdings in griechischen und türkischen Spezialitätengeschäften zu finden. Man kann es auch selbst im Kräutergarten ziehen.

Kurkumapulver — Ein Gewürz, das aus den Rhizomen einer Ingwerart Südostasiens, dem Gelbwurz, gewonnen wird. Es ist der stark gelb färbende Bestandteil des Curry-Pulvers, wird aber auch gesondert als Gewürz sowie als Ersatz für Safran verwendet. Es gilt als verdauunganregend und magenstärkend.

Marinade — Eine gewürzte Flüssigkeit, in die man Fisch einlegt, um ihn zu aromatisieren oder mürbe zu machen.

Medaillon — Medaillenförmige Scheibe vom Filet, aber auch vom Hummer- und Langustenschwanz.

Pilaw — Ein bäuerliches Eintopfgericht aus der Türkei, bei dem Reis in Brühe zusammen mit verschiedenen Gemüse-, Fleisch- oder Fischsorten gegart wird.

Reduzieren — Eine Flüssigkeit durch Kochen in einem flachen, weiten Topf zum Teil verdampfen lassen, um den Geschmack zu konzentrieren. Brühen und Wein sollen schnell über großer Hitze reduziert werden, Sahne jedoch vorsichtig über gelinder Hitze, damit sie nicht überläuft oder anbrennt.

Sautieren — Fisch- oder Fleischstücke in heißem Fett schnell anbraten.

Terrine — Pastete ohne Teigmantel, die in einer feuerfesten, in der Regel rechteckigen oder ovalen Form zubereitet wird.

Warm halten — Fisch soll stets in letzter Minute gegart und serviert werden. Wenn er jedoch warm gehalten werden muß, während man die Sauce vollendet, sollte man ihn bei niedriger Temperatur in den Backofen geben, jedoch nicht zudecken, da sonst das Fischfleisch unter der sich bildenden Dampfglocke zu weich wird.
Eine Sauce wird warm gehalten, indem man sie in ein nicht zu heißes Wasserbad setzt. Dies gilt besonders für Saucen auf Butter- und Eigelbbasis (Hollandaise, Béarnaise), die bei zu großer Hitze gerinnen. Damit sich auf der Sauce keine Haut bildet, wird sie mit einem gebutterten Pergamentpapier belegt oder mit Frischhaltefolie abgedeckt, in die man mit einer Nadel feine Löcher gestochen hat.

Wasserbad — Ein nur zum Teil mit heißem, jedoch nicht kochendem Wasser gefüllter Topf, in dem empfindliche Speisen in einem kleineren Topf auf einen Siebeinsatz gestellt werden (damit sie den Topfboden nicht berühren). Das Wasserbad dient zum Erhitzen wie zum Warmhalten.

Register

Register der französischen Rezeptbezeichnungen